谨以此书献给坚守民办教育立场的践行者

WEI
MINBAN
JIAOYU
LIYAN

教育创业家的思想读本

为民办教育立言

褚清源 黄浩 主编

图书在版编目（CIP）数据

为民办教育立言/褚清源,黄浩主编.—济南：
山东文艺出版社,2014.10
ISBN 978-7-5329-4741-6

Ⅰ.①为… Ⅱ.①褚… ②黄… Ⅲ.①社会办学—研究—中国 Ⅳ.①G522.74

中国版本图书馆CIP数据核字(2014)第152986号

为民办教育立言

褚清源　黄　浩　主编

主管部门	山东出版传媒股份有限公司
出版发行	山东文艺出版社
社　　址	山东省济南市英雄山路189号
邮　　编	250002
网　　址	www.sdwypress.com
读者服务	0531-82098776(总编室)
	0531-82098775(市场营销部)
电子邮箱	sdwy@sdpress.com.cn
印　　刷	山东德州新华印务有限责任公司
开　　本	710毫米×1000毫米　1/16
印　　张	17　插页/2
字　　数	208千字
版　　次	2014年10月第1版
印　　次	2014年10月第1次印刷
书　　号	ISBN 978-7-5329-4741-6
定　　价	32.00元

版权专有，侵权必究。如有图书质量问题，请与出版社联系调换。

不止于立言

2011年,《中国教师报·民办教育周刊》创刊的时候,我试图想象民办教育的春天。

在民办教育严重缺少话语权的背景下,中国教师报创办《民办教育周刊》,无疑让民办教育这个庞大的特殊群体有了可以自己发声的媒体平台。这让民办教育早一天拥抱春天成为可能。

我倍加珍惜《民办教育周刊》这块阵地,它可能是《中国教师报》六大周刊中读者最少、影响力最小的,但是,却是全国"唯一"的。我珍视这样的"唯一",我希望这个"唯一"能成为民办教育人的第一精神读本,能成为推动民办教育发展的第一媒体力量。

在创刊之初我们就提出,要为读者提供最权威的政策解读、最客观的前沿观察,提供有价值的教育资讯、有故事的创业人物。两年来,我们不遗余力地为民办教育鼓与呼,不仅仅是在代言民办教育、建言民办教育,更是在与众多民办中小学一道建设民办教育。

建设民办教育的行动之一,就是倡议发起成立了中国民办教育共同体。2012年4月,中国民办教育共同体在孔子的祖籍地河南商丘正式成立。随后,两个省级分支机构河南民办教育共同体和湖南民办教育共同体分别于10月份和12月份成立。于是,这一年成了"共同体元年"。

中国民办教育共同体是一个基于发展共识的平台，一个倡导学习的平台，一个资源整合的平台。它立足于改革，指向于创新，发展于共享。在这个共同体内，我们每年组织公益论坛和游学行动以及合作教研活动，我们试图聚一帮有想法的人，做一番有意义的事，缔造一个新型的教育理想国。我们致力于把它建设成为一个发展共同体、事业共同体、价值共同体和生命共同体。在这里，大家可以体验到家一样的归属感，可以集体发声，抱团取暖，相互借力，协作共赢，从而真正建设一种基于"互信、互助、共生、共赢"的民办学校"帮"文化。

两年来，我们做的探索和尝试有很多，远不是一段文字所能承载的。而这一切，把我们和民办教育紧紧联结在一起，难舍难分。

2013年，《民办教育周刊》决定停刊的时候，我分明有点忧伤。

忧伤背后是不舍，忧伤之后是觉醒。"无论是公办教育还是民办教育，最终指向的都是教育，教育原本不应该因为投资主体不同而区别对待"。于是，我们说，"告别，是为了更好地再出发"。

作为一种战略选择，停办《民办教育周刊》是我们关注民办教育方式的转向。我们关注民办教育的主要平台集中于中国民办教育共同体，在这个平台上，我们会再出发，联结多方力量，整合各种资源，推动民办教育的发展。我们会集合来自各方哪怕是微弱的声音，通过这个平台发出民办教育的最强音。

而我与民办教育的"学缘"关系，是我持续关注民办教育的动力。我曾经不止一次表达这样的观点：在民办教育这个领域里有一批真正的理想者、思想者和改革者，他们的思考和行动都在佐证着这样一个论断——教育的希望在民间，民间的希望在民办。

是的，在教育变革的旅程中，民办教育不是抗争者的姿态，而是建设者的姿态。但是，短视、逐利、媚俗，依然是这个群体发展病的基本表征。为了发展，所有的荒诞似乎都是合理的，这是民办教育尚需疗救的硬伤。所以，从这个角度而言，民办教育要做的不仅仅是立言，比立言更重要的是，立德和立功。民办教育只有进入教育家办学阶段，才能真正赢得尊严，主宰未来。立德、立言、立功，是民办教育基业长青的三种技术性品质。拥有这三种品质，意味着这个群体责任意识的觉醒。

这本书是《民办教育周刊》办刊两年来部分文章的集合。其中，收录了很多独立、独家、独特的观点和声音。从这些文章里，我们希望更多的读者能读出一个有温度、有力量的民办教育形象。

这本书是用来纪念的，它在见证一段历史，留存一份记忆。但它的意义远远不止于纪念，在民办教育一直处于"被失语"的背景下，它将又一次填充"空白"。

最后，感谢依然是需要表达的重要主题。感谢许嘉璐先生为周刊题写刊名；感谢陶西平先生为周刊创刊时撰写发刊词；感谢本书中的各位作者，是他们的真知灼见让这本书变得更有力量；感谢那些常常读完文章后立马给我们打来电话的忠实读者，这份鼓励和感动是我们最大的心灵慰藉。

两年中，周刊先后有多位同事参与编辑，他们是康秋菊、杨伟广、陈盼、田华，他们是这本书的幕后英雄。在本书的编辑过程中，山东文艺出版社编辑杨智和孙运宋为此书的出版付出了辛勤劳动，在此，我们一并表示诚挚的谢意。

褚清源

2014 年 3 月于北京

与您说声再见

《中国教师报·民办教育周刊》问世虽然时间不长，却像早晨的启明星一样给民办教育人三点灵犀。一是点睛。周刊关于民办教育发展的精辟分析与深刻思考，为尾随公办学校亦步亦趋的民办教育人安上了判断的眼睛。民办教育的执旗人知道自己的路该怎么走，目标该怎么到达。二是点亮。周刊推出的一个个成功的典型，一个个生动的故事，给众多迷茫于困境中的民办学校展示了一道道个性成长的亮丽风景，其借鉴的现实性与激励的力量，如启明星升空，让大家感知到晨曦已在眼前。三是点燃。周刊拨云见日，辟路导航，案例示范，专业论道，让民办教育人轻装上阵，执钥在手。其作用无异于点燃了一台台强劲的发动机。今天的民办学校星光灿烂，周刊推手之功不可没也。

——河南省新密市新世纪学校 郑冠坤

作为中国当下教育大格局中的一个组成部分，民办教育由于其"民间性"，似乎在有些时候给人一种异样的感觉，难以获得大众的认识和理解。而《中国教师报·民办教育周刊》首先给予了民办教育足够的尊重，否则，何以能够大费周章、独树一帜地给它一片如此辽阔的原野，让民办教育和民办教育人找到"有家"的归属感？

其次在于引领。随着民办教育在社会主义教育体系中的作用日益凸显，其定位也更加清晰。民办教育如何策应时代的发展和社会的需要，成为当务之急。作为一份专业性、前瞻性极强的媒体，《中国教师报·民办教育周刊》围绕民办教育，观照其愿景和使命，小到某一所民办学校的发展，大到国家政策走向，周刊都在用心灵解读，用智慧引领，用责任和担当为中国民办教育一边摇旗呐喊一边悉心指导。

如此一份专业领袖性的周刊休刊，实在令人痛心，但愿我们还有相见的机会。

——安徽省肥东锦弘学校　杨强劲

《中国教师报·民办教育周刊》作为一份专门为民办教育创办的刊物，一直坚守民办教育的立场，致力解决民办教育的需求，有效促进民办教育的发展，加强民办学校之间的交流，更为广大民办教育工作者提供可资借鉴的宝贵经验，实现了优质教育资源共享。作为一名民办教育工作者，每每读到《中国教师报·民办教育周刊》时，内心总会产生一种亲切感、温暖感、归宿感、幸福感，同时能够从《中国教师报·民办教育周刊》所刊发的文章中汲取营养，开阔视野，借鉴经验。《中国教师报·民办教育周刊》更为广大民办教育工作者以及热衷于民办教育事业的教育工作者提供了一个开阔的平台，展一家之言，集百家智慧，也使全国优秀民办学校的办学成果和办学智慧得到推广。可以说，《中国教师报·民办教育周刊》为全国民办教育事业的发展、为促进教育公平做出了卓越的贡献。

——河南省襄城县实验学校　付永桥

"读你千遍也不厌倦,读你的感觉像春天,浪漫的季节,醉人的诗篇……"经典老歌《读你》道出了我对《中国教师报·民办教育周刊》的感觉,引起了我对她温馨的回忆。

我是一个民办教育工作者,学校在两年前给我们集体订阅了《中国教师报》。每次报纸到来,我都手不释卷,但最爱先睹为快的是《中国教师报·民办教育周刊》。她讲述的是我们民办教育人自己的故事,充满了亲民、贴心、温暖的气息,更是我成长道路上的一位知音。

忘不了,王红顺、王国平等课改专家的生花妙笔;忘不了,一线名师的精彩解读;忘不了,"管理者语录"的睿智名言……

《中国教师报·民办教育周刊》给我带来了高品质的精神食粮,她让我情感得到愉悦,知识得到积累,人格得到提升。她让我找到了良师益友,经常与高尚的人对话。

如今,《中国教师报·民办教育周刊》停刊将近一年了,但她如一坛陈年佳酿,经久弥香,历久愈醇,她的芳香永远藏在我美好的回忆中。

——河南省原阳县阳光中学　赵连安

我是一名民办学校的教师,我自然关注我赖以立足与生存、赖以成长与发展的民办学校的命运。于是,我在寻觅,在思考。于是,我遇上了《中国教师报·民办教育周刊》,遇上了全国的民办教育人。于是,在一期又一期的《中国教师报·民办教育周刊》里,我与全国民办教育人一样,都在以自己的立场与视角解读着且读懂了民办教育。

《中国教师报·民办教育周刊》汇聚了民办教育实践者、参与者、管理者、研究者和热情支持民办教育的关注者的智慧。这是一个充满魅力与温暖的家园。她因为坚守"替民办教育代言,为民办教育建言"而深得中国民办教育人的信赖,她因为极具"前瞻性和建设性"而成为中国民办教育人的喜爱。

在这里，我读到了中国民办教育政策的嬗变；在这里，我看到了中国民办教育发展的进程；在这里，我见到了中国民办教育的力量与信念；在这里，我感了中国民办教育人的呼喊与奋力。作为一名民办学校的教师，在这里，我也读懂了民办教育，因而，心中也多了一份踏实，多了一份信心，多了一份努力，多了一份憧憬。

——江苏省昆山国际学校　刘恩樵

2011年6月，我在《中国教师报》上的第一篇文章《十年坚守》，就是发表在《中国教师报·民办教育周刊》。从那时起，作为一位民办教师，我对《中国教师报·民办教育周刊》就有着一种特别的情感，每次拿到报纸，首先翻阅的就是这个版面，读一读里面的民办故事，品一品里面的民办情怀，悟一悟里面的民办智慧。同年6月底，在褚清源主编的引领下，我参与了一期《中国教师报·民办教育周刊》在湖南长沙望城组织的论坛；7月，我又以民办教师网友代表的身份参加了中国教师报香山会馆的开馆仪式。现在，我还在坚持主编着《民办教育电子网刊》，是《中国教师报·民办教育周刊》促使着我走进了民办教育的研究，我的成长，离不开《中国教师报》，更离不开《中国教师报·民办教育周刊》。

——湖南省郴州市菁华园学校　熊振鸿

曾几何时，《中国教师报·民办教育周刊》陪伴我们民办教育人走过了一段苦乐与共的历程，虽说短暂却刻骨铭心。回忆那段岁月，有快乐有苦痛，有迷茫有奋进，有困顿有希望，有含情脉脉之细语，有热情奔放之豪情……就像志同道合的情人，更像荣辱与共的战友。然而，突然有一天你离我们而去，消失在我们眼前。从此，我们没有了促膝谈心的平台，失散了并肩战斗的伙伴，远离了清醒睿智的导师。

"曾记否，到中流击水，浪遏飞舟！"正当民办教育处于历史进程的低迷时期，是你，《中国教师报·民办教育周刊》呼拉竖起一面大旗："替民办教育代言，为民办教育建言。"在你的感召下，到中流击水的勇士前赴后继，鼓桨破浪的"飞舟"争先恐后。是你，民办教育周刊站在时代的前沿发出震耳发聩的声音："办中国最具前瞻性和建设性的民办教育周刊。"在你的引领下，中国民办教育涌现出一批理论的先行者和实践的建设者。听，中国民办教育创新力峰会上百家争鸣的声音在蓝天震荡；看，民办教育绿海成长营培养出的一批批民办教育"特种兵"在中国民办教育的绿海中搏击；看，民办教育最具社会责任榜样学校和人物在全国海选中脱颖而出雄姿英发……回来吧，《中国教师报·民办教育周刊》！

——湖北省赤壁市正扬小学　吴震球

不止于立言 —— 1
与您说声再见 —— 4

第壹辑　理想者的重建

重新想象学校 —— 3
学校的坐标 —— 7
我的理想教育观 —— 10
向理想学校奔跑 —— 19
阅读"巴学园" —— 22
让教育温暖这个世界 —— 25
教育的要义 —— 28
理想学校的土壤 —— 32
好制度成就好学校 —— 35
理想教育的共识 —— 37
让教育像呼吸一样自然 —— 39

有梦想就有未来 —— 43
每所学校都应该有自己的哲学 —— 46
民办教育花海一片 —— 50
守候民办教育的春天 —— 53
教育理想国 —— 55
我所羡慕的民办学校 —— 57

第贰辑　思想者的立场

谁是私学第一人 —— 63
别让创新遭遇"黄灯" —— 66
教育需要回归民间汲取力量 —— 69
自由思想的力量 —— 72
体制在哪里 —— 75
让尊重回到地面 —— 78
教育是否可以这样办 —— 82
教育浮躁现象观 —— 85
善待生灵 —— 88
学校也需要营销 —— 91
用制度丈量人治与文化 —— 95
让教育自由呼吸 —— 98

第叁辑　坚守者的梦想

为自己的理想打工 —— 103
为何坚守 —— 108
行走在教育彼岸 —— 112
做孩子手边的拐杖 —— 115

坐看云起 —— 118
站起来做教育 —— 121
梦想是一团火 —— 125
野百合也有春天 —— 127
我用生活教育对抗功利教育 —— 133
民办学校教师的梦与痛 —— 138
乐守三尺讲台 —— 141
他们为谁辛苦为谁忙 —— 144

第肆辑　观察者的预见

民办教育要有"三只眼" —— 149
让民办学校都能自由办学 —— 156
民办教育须突破两个政策障碍 —— 158
让民办教育实现高位发展 —— 162
民办教育的"正道" —— 165
民办教育正年轻 —— 167
民办学校的"生死学" —— 170
切勿自投罗网 —— 174
发展民办学校生产力 —— 177
民办教育要有乌托邦精神 —— 180
民办教育要建设"四场" —— 183
危机与愿景 —— 186
教育精神与市场智慧融合的民办学校 —— 189

第伍辑　行动者的交锋

民办教育"批判与重生" —— 195

民办教育"价值与使命"—— 210
民办教育的机遇与挑战 —— 227
突破民办教育的政策障碍 —— 236
再寻特色与品牌之路 —— 244

附 录

中国民办教育共同体简介 —— 253
中国民办教育共同体赋 —— 255

后 记 —— 257

出发是为了回归，回归则是为了更好地实现。教育的出发点与回归点都在『人』——在人的『自我实现』。因此，教育不能不远行——那就是不断地探索、创新，发展始终是硬道理；教育也不能不回归——那就是归结到『每个人』与『人的全面发展』上，人被淹没了的硬发展绝对没道理！

第壹辑　理想者的重建

重新想象学校

□褚清源

学校，是一个美好的词汇。学校的诞生使更多的人更有能力、有思想、有智慧成为可能。但是，今天学校教育所面临的困境，比如那些被严重量化的教育结果，那些被严重物化的职业理想，正在遭遇越来越多的诟病。今天的教育制度正像一只章鱼，似乎让所有的人都成了俘虏，难以逃离其触手。

教育永远是指向美好，使人成为人的。但学校教育未必能准确完成这样的使命。如果让我们来重新想象学校，学校会是什么样的呢？

学校首先是一个学生喜欢的地方，是不断生发快乐的地方。喜欢是学习发生的重要前提，快乐是学习的动力源泉。倘若学生在学校里找不到快乐，那么一切将皆为负担；如果学生不喜欢学校，不喜欢老师，那么对学生而言，我们的教育还没有开始就可能意味着结束了。无论老师讲得多么用情、多么生动，学生的内心会对来自老师的信息自动屏蔽。《易经》里有一句话："匪我求童蒙，童蒙求我。"意思是说，不是我求蒙昧的童子（学习），（而是）蒙昧的童子求我（施教）。这句话道出了"教和学"的本质。因此，教师的第一专业素养应该是研究学生，研究如何让学生产生学习的兴趣和欲望，而非研究学科知识本身。

学校应该是让学生感到自由、放松和快乐的地方，应该真正成为学生乐于选择的一个去处。

学校的环境是一本天然的教科书。学校存在的意义不仅仅在于让文化传承,让教育延续,还在于让学习随时随地发生。因此,学校应该建设一种生态,这种生态中的一花一草都是景观,而这种景观既可以用来观赏,还可以作为学习和成长的资源来开发、使用。这样的生态环境为学生的学习和成长提供了一本天然的、耐人阅读的书,这本书会使学生不自觉地进行一种无功利的自由阅读。在这样的生态世界里,每一个孩子都可以与校园中的景和物、花与草、鸽子与小兔产生生命的对话与链接,从而构建起学生自己独特的精神世界。

学校应该建设一种开放式的学习新秩序。学校不再分班而教,而是让学生选班而学,打破传统班级的界限,让他们在不同的班级、不同的老师和学生群体中选择自己的学习伙伴和成长导师。学生只有通过这种开放式的学习才能获得个性化的、适合自己的教育。美国1991年的年度教师约翰·泰勒·盖托曾说,在开放式学习中,"教"是很关键的,但它不是一种职业,任何有东西可传授的人都可以教。谁是老师、谁不是老师,都由学生去选择。学生是积极的主导者……

教师不能天然地具有教育别人的优越感,学生也不能永远被置于"被教育"的位置,在这里没有教与被教,只有学习;在这里,通过老师和伙伴的协作完成学习这个私人化的事件;在这里,学校就是给孩子营造一种氛围,让他们按照自己的兴趣和喜欢的方式去体验、去学习。每一个人的成长都需要自我发现、自我选择、自我设计,学校教育就是要为他们的发现、选择、设计提供条件。

"颠倒的课堂"将引发学校教育的革命。这样的课堂给学生赋予更多的自由,是把传统的学生在校上课以及回家做作业的方式颠倒过来,让学生在家通过视频上课,到学校则是为了完成作业,而学校不仅有教师辅导,学生还可以与同学进行交流。在这个过程中,每个学生都可以根据自己的情况，制订不同的学习计划，教师则在网络后台监测每个学生的学习进度，并进行有针对性的辅导。

学校是一个可以让心灵自由绽放的地方。印度心灵导师克里希那穆提在谈到教育时说："教育必须帮助学生和教师自然绽放，否则，教育就会成为适应工作或某种职业的机械过程。作为目前的社会现实，工作和职业是必要的，但是如果我们过于强调这一点，那么自由之花就会枯萎。我们已经过于强调考试和陈规，那不是建立学校的主要目的。这并不意味着学生的学业应该被削弱，恰恰相反，随着学生和教师的绽放，工作和职业将获得他们适合的位置。"实现这样一种状态，前提是让学生的身体和精神都处于一个安全的环境中，让他们始终有一种安全感和自由感。

学校像家庭一样温馨。家，是一个人的精神港湾。学校和教室不仅是一个物理环境，还是一个精神环境。因此，我们可以按照家的元素、家的特征来设计学校、布置教室，让学校和教室成为孩子在家庭成长的一种延续。我们要着力营造一种"家文化"，让学生在学校像在家里一样自由、安全。当然，这个"家文化"不仅指向学生，也指向教师。当教师在学校里找到了家的感觉，享受到了家的温馨，这样的感觉就会自然传递给学生。如果教师在学校里经常受到压抑、控制，遭受到不尊重，那么他们的关注点就会被分散、转移，情绪就会波动，进而把负面情绪传染给学生。让校长、教师、学生都成为真实家庭之外的另一个家庭的成员，他们彼此信任，互爱。如此，教育会自然发生，生命会悄然成长。

学校是学生寻找伙伴的地方。人都生活在群体中，这个群体往往由志同道合的伙伴组成。学校的存在客观地为学生结成不同的伙伴提供了环境。学生在伙伴中得到的成长有时候比教师的教导更多。人能够在这种伙伴关系中不断认识自己，发现自己，发展自己。前面谈到的打破班级界限，目的之一就是为学生提供尽可能多地结交适合自己的伙伴的机会，让师生之间、生生之间拥有更多"生命相遇"的机会。

学校实施的是一种无公害的教育。学校的第一功能应该是培养完整的人,而非优秀的人才。坚定了这样一种信念,学校教育就不能被功利化所裹挟,就不能越过成人直接让学生成才。学校教育既要对孩子的当下负责,更要对孩子的未来负责。在这样的学校里,可以有检测,但没有考试排名和竞争带来的恐惧;在这样的学校里,可以有约束,但不是来自管理者制定的纪律,而是由学生共同制定的规则与公约;在这样的学校里,没有人会对学生进行掠夺式的开发,而是陪伴守护,静待花开,学校真正成了汇聚美好事物的中心。

学校将不是一座教育的孤岛。以往,我们的学校教育承载的太多,社会寄予的期望远远超越了学校自身所能做的。学校原本只是教育链条中的一环,学校的功能是有限的,不能把学校有限的功能放置在无限的期待中,过度放大学校教育的作用,无疑会把学校推向一个孤岛。未来的学校只是学生接受教育的场所之一。学校教育将向家庭教育、社区教育延伸,形成相对完整的教育链条。家庭教育的职能不能转嫁给学校,学校的职责也不能转嫁给社会,他们应彼此承担,互为支撑共同指向一个完整成长的人。

(作者单位系中国教师报)

学校的坐标

□凌龙华

每个人心目中都有一所理想学校。理想学校代表的是文化与文明、希望与未来。

传统的学校称为"学堂",堂是重要的礼仪场所,孩子进学堂,那就意味着很郑重地去学做人——知书达理。这是学校教育之根。

现代学校,追求教学有效,注重人的能力培养。在越来越高的期待面前,学校承担着越来越沉重的社会责任。一句"钱学森之问",让我们的教育陷入反思与重构的双重境地。

出发是为了回归,回归则是为了更好地实现。教育的出发点与回归点都在"人"——在人的"自我实现"。因此,教育不能不远行——那就是不断地探索、创新,发展始终是硬道理;教育也不能不回归——那就是归结到"每个人"与"人的全面发展"上,人被淹没了的硬发展绝对没道理!

学校重建,说到底,就是教育理想的重建,就是教育价值观与教育坐标系的重建。

因此,必须回到教育本身来谈教育,也必须放到全球化与现代化进程的大格局中来谈教育。

就教育本身而言,不管过去还是未来,教育的职责恐怕都在于"教书育人",所对应的目标是"学习成长"。教是为了不教,学习是为了"成人"。因此,好教育不能缺失好的教学支撑,但那是常识、通识教学,是能为日后深造提供"干细胞"的奠基性教学,这与当下直奔"分数"的功利教学不同,它可以是"慢慢走,欣赏啊"。这样的教学本质上就是教育,也就是爱因斯坦说的——"当一个人忘掉了他在学校接受的东西,剩下来的才是教育。"

人为的割裂,让今天的教育显得十分狭隘而浮躁,以致最高的成果成了培养"精致的利己主义者"。从这个意义上讲,重建学校更要具有理想主义情怀,要找回教育的"应然"——必要的乌托邦,要向所有人追问一下:学校该是个什么样子?

我理想中的未来学校,很朴素,很平常,但很自然,很美丽。入学前让人向往,就学时让人流连,毕业后让人怀念。

学校是有意义并有意思的地方,是值得努力的地方。杜威与陶行知先生所倡导的教育、生活合而为一的学校即如此。当学校成为成长的场所,教育成为由"身生"(小我)而"人生"(大我)的必然历练,学校就是我们离不开的精神家园。

学习是有趣且能学以致用的方式,是必须坚持的方式。联合国教科文组织《学会生存》报告开宗明义指出了当代人得以生存发展的首要条件是"学会学习"。学习是什么?是"知识"——求知以长见识,由表相探及内在;是"学问"——学会回答问题,进而学会提出问题;是"懂得"——通过懂得事物真相,最终得到人生真谛。好教学如引鱼入流,在"率性"(遵循天性)中激励"个性"张扬。

学校是"有文化"的地方,学校是"学文化"的地方。通过学习,从容走向未来,成为一个有教养、有担当、有所立的"文化人",这就是教育的功德!

教育与生活融为一体,未来学校是否拆去了围墙?教育与希望联系在一起,未来学校能否给兴趣、特长更宽容的呵护空间?

资源配置要均衡、到位,起点教育要公平、优先。

不谋求豪华的"大楼",也不奢求精深的"大师"。未来学校的重建,其要义可能还在于回归并落实到教育的原点——润物无声的"育"与如坐春风的"学"。给成长多一点自由发展的选择,给每一个梦多一分梦想成真的可能。这就够了。

(作者单位系江苏省苏州市吴江区政协)

我的理想教育观

□ 包　祥

"学校啊,当我把孩子交给你,你能给他怎样的教育?今天清晨,我交给你一个欢欣诚实又颖悟的小孩,多年以后,你将还我一个怎样的青年?"

读到一位妈妈的这句话,或叫作呼唤,我为之震撼,我似乎能看到这位妈妈充满疑虑而又期盼的眼神,分明是在追问我们:你们将"饮之以琼浆,灌之以醍醐,还是哺之以糟粕?"这一呼唤,引发我多年思考教育,探索教育,实践教育。

我曾先后在黑龙江、青岛、昆明、北京等地任公办、民办学校校长达20年之久,并出访欧美、日本,访问过英国著名的伊顿公学、罗婷女中,美国著名的 US 男校和 HB 女校,日本的山田高中等200多所外国私立学校。什么是理想教育?什么样的学校是理想学校?我一直在思考、探索并实践着。

学校为什么要那么多学生

在谈理想的教育和学校之前,应该首先对学校诞生的文化背景作个回忆和梗概的分析。

学校的诞生，有漫长的农业社会背景下形成的农业文明的元素，有近些年工业文明形成的规范化式样的模式。大家可以看到，无论是城里的、乡镇的学校，教学楼、实验楼、行政楼、图书馆等均是一字型，校园里排列整齐划一的房间是教室，教室里学生课桌面向黑板，教师讲课面向学生；实验室几十年没有变化，物理、化学、生物等科目反复做着验证性实验；借书到图书馆、看书到阅览室是天经地义，没人质疑；教学区、运动区、生活区清晰划分。校园越来越大，拥有3000名学生的小学不在少数，更可怕的是有些中学竟然有5000多名学生，还有的达到了近万名。

哈佛大学原校长鲁丁斯认为，教育不仅仅是传授知识，教育本质上是人文过程，是要人与人实际交流的。初中或高中三年，一位校长能记住多少学生，能熟悉多少学生？这个答案是500或800。三年，能直接与校长面对面交流，感受校长人文关怀的学生有多少？这个答案是500或800。所以，理想教育的中小学校规模不宜太大。

学校的人数、规模，其实和地域人口的多少没有关系。现在的学校基本上是传统教学模式的产物，是典型农业文明的痕迹，兼有工业经济模式的元素，有悖于数字时代的现代教育，有悖于知识社会时代特征，更不利于人与人的情感交流，不利于学生的生命生长。

"钱学森之问"及其他

教育是什么？教育要遵循怎样的规律？我们要办什么样的学校？这是教育家和校长们永远探讨的话题和一生的追求。

让我们略加回忆古代和近现代教育家和几所有影响的学校。

孔子是我国历史上一位伟大的教育家。他创办的私塾教育吸引了无数学子登门求教，培养了为数众多的贤达人才。在《论语》一书中，开篇写道:"学而时习之,不亦乐乎。"谈到学与思的关系上,孔子说:"学而不思则罔,思而不学则殆。"可见,学习是孔子为人、为师的根本。正是因为孔子乐学,他才能成为当时首屈一指的大学问家,从而吸引求学者蜂拥而至。

陶行知是我国近代教育史上著名的教育家,他心怀"捧着一颗心来,不带半根草去"的教育大爱,曾担任过南京晓庄师范学校、重庆育才学校和社会大学等多所学校的校长。他说:"做一个学校校长,谈何容易!说得小些,他关系千百人的学业前途;说得大些,他关系国家与学术之兴衰。"他还特别强调校长躬身实践的重要性,主张校长要做行动中的思想者和实践家,在行动中发现问题、解决问题。他提出"生活即教育"、"社会即学校"、"教学做合一"等教育理论。陶行知的教育生涯堪称是教育家办教育、教育家办学的时代典范,他强烈的教育使命感和崇高的教育情怀,都值得当代校长们学习。

被誉为"学界泰斗,人世楷模"的蔡元培先生,是我国近现代教育史上又一位大教育家。他积极倡导教育革新,明确提出废止忠君、尊孔、尚公、尚武、尚实的封建教育宗旨,宣扬"五育"并举的教育方针,在中国近代教育史上首倡世界观教育,并第一个提出把美育列为教育方针的组成部分。在他担任北京大学校长期间,对学校进行了一系列大刀阔斧而卓有成效的改革,提出"大学者,研究高深学问者也",坚持"思想自由,兼容并包"的办学原则,创新教育教学制度,实施民主管理、教授治校,使北京大学有了脱胎换骨的变化。蔡元培力挽狂澜的教育革新意识、开教育之新风气的教育首创精神,充分彰显了他作为教育家的伟岸风骨。

上世纪初的黄埔军校,视"教育为神圣事业,人才为立国大本",在南海之滨走出一大批抗日救国的将领。"升官发财请往他处";"贪生畏死勿入斯门",横批:"革命者来",这是当年悬挂在黄埔军校大门彩楼的对联，是用来警示和告诫立志从军救国黄埔学生的。

西南联合大学是抗日战争期间北京大学、清华大学、南开大学西迁昆明合建而成。西南联大在滇整八年，在极其艰苦的条件下，张伯苓、蒋梦麟、梅贻琦几位教育家校长引领老师们，在土墙茅草顶结构的校舍，以"民主自由、严谨求实"为校风，培养出大批杰出人才，其中有杨振宁、李政道、朱光亚、邓稼先等许多蜚声中外的一流科学家。

自"癸卯学制"颁布、科举废除至今，中国近现代教育发展已逾百年；从1977年全国统一高考制度恢复至今，中国当代教育改革已经有30余年，却仍然有"为什么我们的学校总是培养不出杰出人才"这一著名的"钱学森之问"。"钱学森之问"是关于中国教育事业发展的一道艰深命题，引起了整个教育界乃至社会各界共同关注，寻求破解。

教育遵循自然律

有社会责任、理想信仰和探索精神的文化氛围是创新人才成长的土壤。中国古代以有德有学的儒者文官入仕途，欧洲近现代化形成了以技术发明而成为企业家的知识产权体制。近些年，在基础教育领域人们探索教育改革之路，诞生了许多教育模式、教学方法和学校管理制度，为寻求正确的教育前行之路作着不懈的探索。细细品来，其中总有慌不择路的浮躁，或完全照搬西洋人的模式，或一些不伦不类的所谓"特色"。

学校教育的核心应是遵循生命的"自然律"。"自然律"是宇宙的大律。自然即宇宙，宇宙即自然。宇宙乃至万物皆为自然力所驱使，这是"自然律"。生命的"自然律"，是生命进行的规律，人的生长规律。博古观今，人类之所以成为人类，是遵循着大自然的规律，寻求着大自然的规律，观天道，以立人道。"天道"代表宇宙大自然的规律，"人道"就是人的世界如何生存的道理，生命生长的道理。

《易经》中说:"观乎天文,以察时变;观乎人文,以化成天下。"道法自然,凡是合乎自然的一定是对的。对宇宙自然我们永远只有敬畏,对生命我们永远只有敬畏。

童年是属于大自然的

遵循"自然律",就要读懂自然,就要读懂生命;遵循"自然律",就不要速成,不能速成。每一个教育人都应该反问自己这样一个基础的教育问题,我们是否丢掉了孩子们的童年,扼杀了孩子的快乐?是否拔苗助长,违背生命的生长规律,违背学生认知规律?是否因为"不能输在起跑线上"就过早地灌输知识和技能,忽略传递爱,忽略孩子的发现欲……

教育应是自然的,而不是人为的,不能按大人的主观意志左右孩子,而是应该遵循客观规律。童年是属于大自然的,放孩子回归大自然吧!世界上再没有比大自然更好的教师了,它能给孩子无穷的力量,给孩子无穷无尽的知识。

校长遵循自然规律,就要读懂自然,读懂生命,读懂学生。把爱传递给孩子,让孩子们留住爱;保护孩子们的"发现欲",帮学生养成一生受益的好习惯。让生命自然前行,经历春夏秋冬。我们所需要或希望的有社会责任、理想信仰和探索精神的人才一定会出现;我们期待的获诺贝尔奖的世界顶尖级科学家一定会出现。

校长是读书人

理想学校要有理想校长。校长是学校发展的引领者,对于学校发展起着至关重要的作用。校长每天都在处理事情,有小事有大事,有阶段性的事情。校长视轻重缓急，视远近左右，都要把握好度。什么时候扬，什么时候抑，都要审时度势；什么时候考虑公平，什么时候考虑效率，都要有法可依。校长的风格气质，一言一行，都在影响着学校，影响着师生员工。校长高尚的情操，丰厚的文化底蕴，执着的工作态度，娴熟的工作方法，校长的宽容与合作，无不影响着学校。

理想校长应是读书人，读书会使人积气、积势、积厚重，读书是校长的力量所在。读书之后会晓得，书是呵护心灵的绿地，书是建设精神的家园，书是灵魂的窗口，书是心智的飞扬，书是精神的提升。当读书之后会发现，书中自有花似锦，书中自有草如碧，书中自有春如画，书中自有秋飞雁。校长还要带领教师勤于读书，乐于学习，善于思考，养成广博而扎实的学术涵养，深入研究教育规律，努力形成自己的教育理论体系。只有校长和教师都是读书人，学校才能引领学生读书，学校才会真正成为读书的地方。

理想校长善管理，即愿景管理，这是学校长久的根本所在。司马迁提出的"善者因之"，是中国文化背景下管理的理想境界。"善者因之"是用愿景，即组织的发展方向、价值取向、文化、管理，包括组织形成的优良传统等，把有共同教育理想的人集聚到一起，做理想的教育。"愿景"是在组织人们心中令人深受感召的力量，开始时可能只是一个想法、创意，然而一旦发展并获得一个群体的认同和支持时，就不是一个抽象的东西，是具体存在并且可以实现的。

"愿景"必须是每个成员发自内心的意愿，并只有变成全体组织成员的共同信仰和共同追求，才能产生伟大的力量。建立共同愿景也不是一蹴而就的工程，它的建立和完善需要细致的工作和漫长的过程。

校园是学生的世界

理想的学校,应是文化的载体,是课程的载体,是生命的载体。校园是学生生命的乐园,是让生命充盈着灵气、智慧、活力、激情的地方;校园是学生语言、动作、思考、情感、态度培养最重要的地方;校园是人与人感情交流的精神家园。

校园是学生的世界,一切应以学生的需要出发来设计和经营,就有利于学生的生命价值,有利于学生的生存方式,有利于学生的心理世界,有利于学生群体的独有文化,有利于学生的生活状态。理想的校园是学生生活、生命生长的地方,是教师终身学习、幸福工作的地方,更重要的是人与人交流的人文环境,是教师和学生情感传递、心灵沟通的地方。这样的学校会让师生向往,终生难忘,流连忘返。

在认真研究探索和实践的基础上,我总结为:一所理想的学校,高中学校有1000—1200名学生为宜,初中学校有800—1000名学生为宜,小学校有600名左右学生为宜。这样规模的学校,课程资源利用充分,师生合作、对话、探究的新课程文化会得以实现。学生的亲身体验、研究性学习就能变成现实,真正意义上的人文关怀就会实现。

许慎在《说文解字》中对"教育"解释说:"教,上所施,下所效也","育,养子使作善也"。那么,教是大人对孩子的示范。大人是包括家长和老师等教育工作者。教育家乌申斯基说:"教师的范例,对于少年儿童的心灵,是任何东西都不可代替的最有用的阳光。"走入理想学校,映入眼帘的应是以黄金比例舒展开的精美教育画卷。校园绿草如茵,鸟语花香,亭阁错落有致,蕴含着厚重的学校文化和高品质的教育,优雅而安静地散发着书香气息,有欢快的氛围,平等的交流、展示,这些都彰显着师生生命的闪光。

学习最佳状态时

"学而时习之"本来就应是"不亦乐乎"的。理想教育是在自然中播下爱的火种,吟唱真理的篇章。我们秉持读书应当是乐事,而不是苦事;求学不应当总是补课和应考,不应仅仅是为了得一技之长学谋生之术,求建设本领,而是应该让每个孩子在这里像叶子一样舒展,像小树一样自然生长,让孩子们留下金色的童年。

对学生,请不要只给他们答案,请教给他们热情,教给他们发现,请启发他们去质疑,请教他们尊重生命,请让他们学会交流、分享和对话,请同他们一起探索,请教他们去观察、探索和触摸那些难以名状的东西,请让他们与世界认识,请让他们的理解远远超越表象,请教他们投入一次更热烈的生命。

在理想的小学,教师会以游戏、故事为主要上课形式,释放孩子玩的天性,不约束、不限制孩子的自主权,给孩子营造一个宽松愉悦的学习环境。在理想学校,教师明晰学与教的关系:学教原则——为学生终身学习发展奠基;学教目标——发展学生综合素质;学教关系——民主、合作、互动;学教过程——主动、生动、活泼;学教方法——启发、内化、转化、升华;学教环境——和谐、愉悦、共振,师生流连忘返;学教过程——学习知识,生成习惯,提升能力,形成品质。

鲜明的八个标志

在理想学校,学生身上会有鲜明的八个标志:

一是独立:从生活到心理都不依赖别人,事事自己思考,问题由自己解决,这是一种能力。

二是包容：同窗学友建立起的友谊会维持一生。同学既分享共同成长的喜悦，也有分担麻烦的感激，也有彼此宽容对方的弱点和毛病。

三是自约：是自我意识的成熟，学生们体现自身创造性的天地实在太广阔了。

四是忠诚：忠诚是原则，是一个人至高的道德。

五是勇敢：勇敢是面对竞争、迎接挑战，在优势时不张狂、不喧嚣、不得意忘形，在弱势时不气馁、不放弃，不轻易认输，强调对自我的"挑战"等。失败也是必需的经历，要勇于挑战自我。

六是合作：合作是心胸，合作是品质，合作是能力。

七是幽默：来自于高超的智慧与机智，同时也是修养和文化的体现。你不必靠嗓门大、声音高把人"压倒"，而是在一句妙语中令人会心微笑，心悦诚服。

八是风度：在任何情况下，特别是在麻烦降临之时保持理智、平静，那不能只是外表的，必须在内心也要冷静、清晰、有条不紊，这是一种修炼功夫。平静和彬彬有礼的底蕴是克制、含蓄、内敛。当着众人的面"失态"，被视为一件极其丢脸的事。

理想学校的学生有民主思想，并体现在他们的生活方式、思维方式和举手投足之间，存在于个人回转的空间以及更纵深的愿景里。我们的学生自信、开朗、包容、有力量、更柔韧、更高远，对整个社会的发展和人类的和平都会有重大的贡献。

（作者单位系河南郑州艾瑞德国际学校）

向理想学校奔跑

□张建平

在早晨的阳光中,孩子们哼着歌向学校走去,有时能停下来看看太阳;课堂上,学生能经常向老师问有意思的问题,课堂上经常有愉快的笑声;下午4点后,他们可以自由地在球场上奔跑叫喊,或者在图书馆里查阅资料,在实验室里研究自己感兴趣的问题;晚上,做完作业后,捧起一本诗集,轻声地读给妈妈听……

我理想中的学校——放假了,带着学生背起行囊去野足,茫茫夜空下,孩子们搭起帐篷,点起篝火,躺在树丛里数着天上的星星。几个趣味相投的孩子,围绕自己感兴趣的问题议论风生,激扬文字,纵横捭阖,思想智慧似瀑布冲向悬崖,撞击在岩石上,溅起一朵朵欢乐的浪花,在校园这片平静的水面上,荡起一道道美丽的涟漪。

也许,走出校园若干年后,老师每天呕心沥血备课、妙语连珠地讲课,教给他们的公式、定理、单词他们都统统忘记了,但他们会永远记得那在黄河滩寻找"情报"时的疯狂,在没有老师、父母牵手进入陌生大都市时的恐惧,顶风骑车在绝望中寻求希望时的艰难,咬牙忍受着脚上血泡的疼痛,也要坚持走完拉练全程的坚强……这些在特殊教育过程中的人生体验,正是学校留给他们最好的财富。

我理想中的教师应该是一个底蕴深厚、学贯中西的教师。除了有语言的天赋，说一口标准流利的普通话，他不会满足传统保守的课堂模式，而要寻求一种无拘无束、轻松愉快的教学氛围。他会将教室变成一家超市、一座花园、一座城市，让学生感受到浓郁的生活气息。他衣着讲究，谈吐高雅，举止端庄。他的每个言行举止都会被学生模仿。在他白发苍苍的暮年，回忆起一个个学生的时候，会发出会心的微笑。

他们生活得轻松、快乐、自信，来源于他们对课堂驾轻就熟，他们是以自己的内涵征服学生的课堂高手，当下课铃声响起的时候，孩子们意犹未尽，思绪万千，沉浸在精彩的课堂之内而不得自拔。

我理想的语文教师，个个博览群书，文采飞扬。每个教师都有自己喜欢的作家，他们从心里喜欢这些作品，他们迷恋着阅读。每个教师后面都跟随着一群学生粉丝，他们常常在一起指点江山、挥斥方遒，他们让学生组织社团，以成年人的身份研究着古典的、近代的、现代的文学家和他们的作品。他们从来不需要用"严刑逼供"、"糖衣炮弹"逼着学生完成默写等无用的作业，而每个学生一样获得优秀的分数。因为，语文是一门人文学科，机械的默写、重复的作业只能让语文走向反面。

我理想的英语教师，能自信地与英语母语国家人交流，能听得懂、看得懂英语书刊和影视。他是一个音乐家，将新学的句型，谱上学生熟悉的曲调，让学生在富有韵律、朗朗上口的儿歌中学会英语；他是一名娴熟的指挥，课堂是他的舞台，学生是他的乐队，而每一堂课都是一节精彩的乐章。抑扬顿挫的语调，节奏明快的教学，是教师功力的体现；颇具创意的教学亮点，富有戏剧性的高潮推进，是教师灵感和智慧的结晶。所以，他们的学生绝对不会因为默写不及格而痛苦不堪。因为，他的课堂魅力已经让每个学生喜欢了外语，他们已经把外语当作了生活的需要。

我理想的数、理、化老师，有着缜密的逻辑能力，比起有着跌宕起伏、有血有肉的人文学科，数、理、化枯燥的1、2、3、4，A、B、C、

D构成的符号像木乃伊,没有任何生命迹象,让智商110以下者望而生畏。理科老师行走在独木桥上,难度系数大于其他学科。

我理想中的综合学科老师,有着袁腾飞走向央视百家讲坛的野心和为之付出的行动;有着对学科的热爱和忠心。他们上知天文,下知地理。面对学生渴望知识的目光,他们无所不知,无所不能。他们不需要拿着课本讲课,因为,课本上那点浅薄的知识早已烂熟于胸。他们课堂上绝对不就书论书、照本宣科。学生在他们的指引下,仿佛进入了知识的桃花源,忽而柳暗花明,忽而峰回路转。下课铃响了,他们的心还没有转出来呢!

音乐、体育、美术,那是学生天天盼的欢乐的殿堂。那里没有国界,世界上的每个人都可以在这里找到知音,感受到生活的激情与豪迈。曾经有一个顺口溜:学会数理化,走遍天下都不怕。而现在,我们可以这样说:学会音美体,走遍天下都不怕。只有这些学科的交流,是不受语言限制的。音乐的每个音符,美术中的花草、树木、山川、河流等,都是世界通用的语言,大家都可以读懂他们的含义。所以,我们的每位老师也应该成为世界上最快乐的人。

(作者单位系河南开封求实中学)

阅读"巴学园"

□ 赵永攀

看过《窗边的小豆豆》一书的人,一定都知道小林宗作校长所创办的"巴学园"。就是这样一所别具一格的民办学校,使一般人眼中"怪怪"的小豆豆,逐渐变成了一个大家都能接受的孩子,并最终成为世界有名的电视主持人,成为联合国儿童基金会亲善大使。

这是一所怎样的民办学校呢?

校园——站在孩子的角度设计

"巴学园"完全按照孩子的视角设计和运行:校门是用绿色树木做成的,教室是废弃电车改造的,宿舍是搭起的帐篷。上课就在孩子们喜欢的电车教室里进行。

校长——具有全新的教育理念

在创办"巴学园"之前,校长小林宗作先生进行了年复一年的研究。他曾先后于1924年、1930年两次到欧洲考察,学习教育学。小林先生之所以有全新的教育理念,之所以能培养出像黑柳彻子这样一批优秀的人才,与他办学的前期准备是密不可分的。

教师——全面辅导学生的每一门功课

"巴学园"里的教师知识是全面的。一个班级就一位教师,语文、算术、物理、自然等课程都担任。教师能够了解每一位学生的兴趣所在,以及学生感兴趣的方式，对问题的思考方法等。对于一些实践性的课程，学校也会聘请专业人士进行指导。比如"旱田"教师教孩子们怎样除草、怎样播种、怎样施肥……

课程——让学生自己来决定

在"巴学园"，学生每天上午上课，上课前，教师把语文、数学等学科需要教授的知识列出来，不是一节一节挨着上，而是先学后学什么让孩子自己决定。而下午则可以去散步，在散步时教师会顺便教一些自然、历史和生物的知识，让学生在不知不觉中得到发展。

课堂——让学生在自主学习中得到发展

在"巴学园"的课堂上，学生多半是自学的形式，小学生们遇到自己不懂的问题，可以到教师那里请教，或者请老师到自己的位子上来，教师会耐心地讲解，一直到孩子们弄懂为止。然后，教师会出几道例题，这样就开始新的自学过程。

活动——依据学生的年龄特点开展

"巴学园"的活动不仅丰富多彩，而且与众不同。在校园里露营，在九品佛的寺院里试胆量、野炊、温泉旅行等等。即便是运动会，也是依据孩子的身体特点来设置，比如"钻鲤鱼比赛"这个项目就是专为个子矮小的高桥君设计的。而且，运动会的奖品也是那样的特别，全是萝卜、菠菜之类的蔬菜。

午餐——海的味道，山的味道

小林校长要求家长们让孩子带来"海的味道，山的味道"。蔬菜、肉类，以及所有生长在陆地上的食物，都归入"山的味道"；而"海的味道"则是鱼和海味之类的。每次午饭，孩子们自己寻找饭盒中的"山的味道"和"海的味道"。如果不明白的还可以一起讨论。

目标——培养富有个性的学生

无论哪个孩子，当他出生的时候，都具有优良的品质，在他成长过程中，会受到很多影响，有来自周围环境的，也有来自成年人的影响，这些影响可能使孩子优良的品质受到损害。所以，我们要尽早发现这些"优良的品质"，并让它们得以发扬光大，把孩子们培养成富有个性的人。

不用再一一赘述，"巴学园"的魅力已经可见一斑。尽管"巴学园"已经远离我们半个多世纪，但依然是我们所需要追求的办学境界。因此，理想的民办学校当如"巴学园"，要有独具一格的美丽校园，要有鲜明的办学方针，要有一位有思想的校长，要有一群能激发学生学习兴趣的老师，还要有独具特色的课程和活动。

有人说"谈理想，必然会脱离现实"，但是"巴学园"却是实实在在地存在过。全校仅几十名学生，长大后却也各有作为，有的成为艺术家，有的成为教师，有的开办了自己的公司……

并不是想让大家再回到过去，但是如果我们能够学习"巴学园"，能够根据学生的心理特点和发展规律去办学，我想理想的民办学校就会在我们的努力中诞生！

（作者单位系浙江省台州市实验小学）

让教育温暖这个世界

□ 高　林

　　从事教育多年后的今天，我忽然对教育有了更深层次的理解与感悟。

　　教育是什么呢？教育是影响儿童心灵成长、温暖儿童心灵的活动。教育就是要让所有的孩子都有尊严地成长。

　　这就是我的温暖教育情怀：做一个内心温暖的人。这不只是一种教育理念，更是一种做人的信念。我们也不只是在推行自己的教育理念，而且是在推行一种做人的信念与理想。

　　20世纪初期陶行知有过这样一段话："寻常人以为办学是一事，改造社会又是一事，他们说：'办学已经够忙了，还有余力去改造社会吗？'他们不知道学校办得得法便是改造社会。没有功夫改造社会便是没有功夫办学。办学和改造社会是一件事，不是两件事。改造社会而不从办学入手，便不能改造人的内心；不能改造人的内心，便不能彻底地改造社会。反过来说，办学而不包含社会改造的使命，便是没有目的，没有意义，没有生气。所以教育就是社会改造，教师就是社会改造的领导者。"陶行知先生文章里的这段话，时刻在提醒着我应该如何去做一位有责任心的校长。我不知道自己明天到底会影响到多少人、多少儿童，乃至多少儿童身后的家庭。但是我深知，教育是改造社会的最根本途径。

这正是我一直努力想做好的事情。我经常对老师们说:"教育的魅力就是可以有机会给孩子有尊严的生活。"

什么样的生活是有尊严的呢？我把其定义为有爱、有尊重、有理解、有信任、有宽容的生活；愿意去发自内心地把每一个孩子都当作有独立思想、独立人格的人看待的生活；没有体罚、没有欺骗的最真实的教育生活。

想起一次与出租车司机聊天，他告诉我，孩子读小学三年级。文化课成绩很差，老师无奈，找到家长，要求其到医院给孩子开一个"智力障碍"的证明，来证明孩子学习不好与老师无关。我听后有点吃惊，老师居然可以这样推卸教育的责任。于是问他，你孩子是不是真的智力障碍？答曰：一点也不，只是调皮，不愿意读书，贪玩。让我更吃惊的是，这位憨厚的家长居然答应了老师的要求，真的开了"智力障碍"的证明交给了老师！而且他没有丝毫怨言，还不断地对我讲，老师也不容易，我的孩子学习不好不能扯班级、扯老师的后腿啊……

家长给孩子开了"智力障碍"证明，不用再担心得罪老师了。老师因有了这个证明，就可以逃避自己的责任，孩子因为自己"智力障碍"也因此不用努力学习了！

我不敢去想，一个原本智商正常，甚至比别的孩子还聪明的孩子被从小贴上"智力障碍"的标签！

那孩子暑假后才上四年级！

我们是否可以这样推理：在那所学校里学校可以选择让老师们到医院做体检，教学成绩不好的老师，校长可以给老师开具"智力障碍"的证明，有此证明的老师，即便没有教好学生，也免于处罚——智力障碍，可以放宽标准。

再来看另外一个故事。

张露小朋友要升一年级，家长一直犹豫不决，那天家长碰到我，带着"戒心"向我询问：有很多人说学校因为你来做校长发生了很大变化，有些人说你们在真正"关注儿童"，可是另外有些人却说你在"瞎糊弄"，你能告诉我哪些是真的吗？

我用10分钟时间告诉她要相信第一句话，一定要相信第一句话。又用10分钟时间告诉她如何去尊重儿童的成长。原本有所顾虑的她似乎豁然开朗，决定到学校报名上学。

校长不是招生办主任，我不招生，但是当你需要我告诉你什么是真正的教育，我一定有足够的耐心与你探讨。

同样的一个孩子，送到两所不同的学校，一年后，他们是有差距的。问题是还有多少人在做不应该做的事情，用一种虚假的宣传，掩饰自己教育的严重过失，乃至影响孩子的成长呢？这个世界上，或许唯有教育才是最需要有责任心的人来参与，因为我们应该为孩子的一生负责。

做教育，有时真的很难。但是我们还是要勇敢面对那些影响、制约教育发展的人与事。

我想起了南洋教育集团任靖玺办学失败后说的那句话："退出南洋教育集团——我败给了专制、垄断、丑恶、没有人性的教育制度。"

但是我想，不论是谁做教育，我们都需要先温暖自己的心灵，然后去关注孩子的成长，用心来做教育，时间久了，我们就收获了源于教育的幸福。

我只想告诉家长、老师、我的学生以及正在读这篇文章的朋友——有一种教育叫真实。我只想用这种教育温暖世界。

（作者单位系河南省新密市华龙学校）

教育的要义

□ 梅松柏

在小学四年级的班上,我出了一道题:树上有10只鸟,打死了一只,还剩几只?孩子们几乎异口同声回答"0只"。在我的大力引导下,虽然也想出了几种不同的答案,但遗憾的是思维固定,毫无创新。我记得在一篇文章中,美国孩子对这个问题的回答:"树上的鸟耳朵都好吗?""枪是有声的还是无声的?""树上的鸟都会飞吗?"……听着我们孩子循规蹈矩式的回答,我感到了灌输式教育的悲哀。

应试教育把孩子的思维禁锢于某种牢笼,素质教育轰轰烈烈搞到今天,我们的课堂有多少是探索、体验、创新的内容?教育的第一要义就是使人成为人——成为独立的人、完整的人。因此,在我的学校里,我要——

做目中有"人"的教育

教育是干出来的,不是讲出来、喊出来的。在市场经济的大环境下,在举国急功近利的背景下,从幼儿园到大学,到处充斥着功利的气氛。你能坚定不移按照教育方针来办学?你能不让学生加班加点?你能让每一个学生生动、活泼、主动地学习?我们喊"素质教育"喊得轰轰烈烈,但是现实中反"素质"的行为还是太多。我们还是目中无"人",对于我们来说,"人"是工具,是装知识的口袋;我们学时太长,考试太难,我们负担太重,压力太大;我们学得太死,效率太低,学生厌学,老师倦怠……这些问题摆在我们面前,必须有勇气、有胆量逆流而上,最终破解难题才能成为教育家。

回想我们的教育,走过改革开放30年,教育改革丰碑矗立,鲜花满路,为国家培养了大批基础化的人才,就是没有培养出有非凡创造能力的人才,缺乏顶尖科学帅才。仔细研究,还是我们的教育模式出了问题,仅仅一个春游,就可以作为代表——春天是美丽的,但大部分学校只将其停留在书本上,因为害怕承担安全风险,是不会带学生去感受大自然的。在学校看来,学生安全是重要的,但学校质量更重要,"时间+汗水"是提高质量最简单的方法,"千张纸万道题,不信不出好成绩",为什么不寻找提高课堂效率的改革办法呢?改革也要担风险,万一失败了怎么办?

香港中文大学徐扬生院士曾面试过很多来自内地的学生,让他感到悲哀的是,很多学生一看就是好学生,但永远只是一个好学生而已。"在条条框框的限制下,一切都为了考试,这样的学生不可能成为一个好的科学家,学生的基本功打得扎实,但缺少让学生自由发挥个性的空间。"

反思我们的教育,老师居高临下公布的标准答案太多,而基于平等的质疑和留给学生的独立思考太少。曾经出过81位诺贝尔奖得主的芝加哥大学有句名言:"明辨之路是争论,而非顺从。"给学生一个可以质疑、甚至可以异想天开的思想空间,在课堂营造一个可以自由发表想法和见解的氛围,实在是远比总结几条结论更为重要。

孔子告诉我们:"学而不思则罔,思而不学则殆","不愤不启,不悱不发,举一隅不以三隅反,则不复也"。学生就是要不断地学,不断地想,不断地做。而对于学校来说,则要让思考、体验、探究、展示、交流成为课堂的核心行为，把学生推向前台，成为课堂的主角，老师只是幕后导演，保证学生作为学习主人的地位，这才是真正的教育！

扫除校园里的"害怕"

魏书生老师说过："松静云乐，享受学习，享受工作，享受生活。"我在最近读的美国雷夫·艾斯奎斯《第56号教室的奇迹》一书中，对这句话有了更深的理解。一直以为，中美两国的教育差异巨大，以为我们在教育中遇到的种种现实问题都是"中国特色"。其实，我们在校园中遇到的种种困惑也正困扰着雷夫，雷夫对教育的理解，对教育价值观的剖析其实都可以在我们这里进行一番验证。他在书中写道："这年头，大多数的教室都被一种东西控制着，那就是'害怕'。老师们害怕：怕丢脸，怕不受爱戴，怕说话没人听，怕场面失控。学生们更害怕：怕挨骂，怕被羞辱，怕在同学面前出丑，怕成绩不好，怕面对父母的盛怒。"

在第56号教室，赶跑了"害怕"这样东西，以信任取代了恐惧，父母、师长们为孩子们挺起了可靠的肩膀，打造了一个坚固而友善的避风港，让他们成长为自信快乐的人。

我们要向这位大鼻子"雷老师"学习，革除思想深处"小绵羊最好"的陈腐观念。试想，一味温柔听话，整日处在恐惧状态的孩子们，还能有什么创新精神呢？学校要尽一切努力扫除教室里的恐惧，创设平等、安全、包容、和谐、民主的课堂环境，引导学生交流对话，互相质疑；教师用富有启发、激励性的评价语言，使孩子体验到参与的乐趣、思考的魅力、创造的喜悦。

教育，是情和爱的事业。如果失去耐心和职业水准，出语伤人的可能性就大大增加。尽管教师事后都能恢复正常，但被泄愤的对象却可能久久无法恢复。不错，学生们可能会更彬彬有礼地对待你，因为他们害怕再次遭到那样的对待，然而，师生之间的缝隙可能永远无法复原。成功的教师理解这一点，因此，他们力图每天都以尊重的态度对待学生，几乎从来不会做出伤害学生的举动；他们从不挖苦学生，也从不以无礼的言语反驳学生；他们从不贬低学生，也从不在同龄人面前令他们难堪。最优秀的教师始终如一地表扬学生，赞美学生，并且善于修补情感缝隙。

特级教师华应龙在形容师生关系时有句经典名言："课上似同学，课下似兄弟。"对于这句话，华老师的解释是："别看学生年龄小，但他们'人小鬼大'，都是有主见、有思想的人，具有强烈的参与意识和尽情表现自己才能的自我意识。理想的教育教学应该是对话式的，师生相互请教，双方互为先生和学生。"过去，我们一般习惯上把师生关系表述为"课上是老师，课下是朋友"。其实，课上与课下，没有截然区别，显然，这一表述的"老师"有一种"主宰"的意思，课上我是"老师"，你得听我的，服从我。课下我们是朋友，可以无话不说，无拘无束。现在课上与课下，校内与校外已不能用铃声与围墙截然分开，师生关系是一个情感联系的整体，在课堂上你践踏了学生的感情和自尊，在课下还能修复吗？

校长的使命，就是要对师生进行精神引领与思想指导，扫除校园里的"害怕"，致力于建立一种以弘扬教师主体精神为宗旨的现代教师理念：教师的"蜡烛精神"不只是燃烧自己照亮别人的精神，还同时是辉煌自我，实现主体价值的精神。

（作者单位系湖北省麻城市英才小学）

理想学校的土壤

□姚景海

我心中理想的学校应该完成两个实现：一是当下的幸福和精彩，二是未来的成功和幸福。

在多数中国人眼里，这两者是矛盾的。因此，学校教育常常以未来的名义牺牲现在，逼迫孩子们过无聊、压抑、痛苦、机械的日子，把本该妙趣横生的生活，变成死水一潭。并且，绝大多数中国人，因为上学时没有学会如何幸福，失去了幸福的能力。即使将来很"成功"，也很少能感觉到幸福。

我认为眼下幸福和未来幸福并不矛盾，反而相辅相成。教育完全可以在快乐、精彩、幸福的同时，让孩子学一身本领、具很高素质，为未来成功和幸福打下基础。

想完成两个实现，关键在于把握学什么和怎么学这两方面。我们应该尽可能地为学生自由发展提供服务，以尽可能适合每个学生为最高追求。

在学什么方面，如果我们认可教育是为了生活，而不是为了文凭，那么我们就会尽量为学生的选择创设条件，学校用的教材应以各种经典作品为主，不仅是文科，即使是科学，也要努力选用那些更有趣、精彩的经典作品，不用或少用现在这种只为应试的无聊教科书。

在怎么学方面，总体应以自学为主，配合学生合作、师生讨论、教师答疑指导等，并以适当及时的考试反馈，以帮助学生决定学习的速度、深度。以这样的形式学习，易于养成学生终身受用的自学能力，这样学习也最快乐，最有效。

理想的学校应构建出对学生的立体评价体系，用多把标尺去衡量孩子，让每个孩子都能得到积极性的肯定。要让孩子们有很多可以追求的目标，努力引导孩子关注、发展他们的长处。当然，评价要将终结性与过程性评价结合起来，平时学生的各种表现也应该设定为评价体系中的一部分。

理想的学校应该有很多活动，如运动、节庆、游戏等，只要不是对他的健康成长和对社会不利的事，孩子们喜欢什么我们就做什么。活动是精彩的生活，教育者用心在活动中融入教育元素，活动便是最好的学习。活动中，孩子在快乐精彩的同时，身、心、智都被调动起来，他们不仅能学到知识，也能形成乐观、积极、活力、不怕吃苦等品质。

理想的学校学生的学习和生活应有相当部分在校园之外。参观、交流、联谊、远足、采访等。世界是广阔的、美好的，充分接触世界的广阔和美好，学生们才能更爱世界、更爱生活，才更有学习的动力。融入世界、接近自然的学习，才能更精彩、有效。

理想的学校当孩子到了青春期，应允许孩子们顺应自然召唤，自然地恋爱。学校不鼓励也不禁止，但可以做一些引导。人是在经过种种事情后才成长的，恋爱是人成长中很重要的事，为什么我们现在的学校教育要刻意避开？这是违背人性的事情。

理想的学校不应该是千人一面的模式。国家应充分放开办学自主权，调动民间办学的积极性和智慧，办出百花齐放的学校。不同的学校要有不同的特点，以适合不同孩子，满足不同需要，培养不同的个性和方向。让学生和家长根据自己的特长、喜好进行自由选择。这样，一方面能尽可能保证每个人选择到适合自己的学校，另一方面使社会上有各种各样人才、有很多富有个性的人。多种个性之人组成丰富社会，会极有利于社会的发展。

理想的学校应该能让教师找到职业的幸福感。这种幸福感不光表现在待遇上，更表现为能给教师的发展提供良好的环境，并吸引社会各行各业精英进入到这个团队来。

理想的学校在现有教育体制之下很难存在。因为没有适合理想学校生存的土壤，所以对理想学校的办学者要求极高。

理想学校必须基于理想教育的大环境。虽然现有教育体制暂时很难改变，但幸运的是，我们每个人可以在一定程度上决定自己的命运。因此，我选择让自己孩子以在家接受教育为主，这样我至少可以让自己的孩子更接近理想的教育。我一直在探寻如何办一所理想的学校，但限于我的能力，我觉得理想学校或许现在只能更多地存在于小型的家庭学校中。

（作者单位系新东方扬州外国语学校）

好制度成就好学校

□ 范庚祥

我始终这样认为,一所学校有没有未来,可不可以持续发展,要靠制度,从体制到机制再到规章制度建设。如果没有好的制度只有一名好的校长,那这所学校可能成为一所有名的学校,但成不了名校。感情留人,待遇留人,环境留人,都比不上制度文化留人。

我们往往发现,一位名校长离开学校以后,结果"大树底下不长草"。一所真正的名校,它能够不断孵化出好的校长、好的老师来,并且能让他们成为教育家。这样的名校能生存发展百年,靠的就是传统文化,靠的就是制度文化,有一套好的制度才有名校。校长应该被制度替代,或者说,一套好的制度就是一所好学校。

什么才是真正的好校长?真正的好校长他走了以后这个学校依然可以健康可持续发展,这才是真正的好校长,因为他造就了一群好校长,培养了一批好老师,再加上学校有一套好的制度,他平时的管理不是"人治"而是"法制",他已经被制度所替代,包括他本人,也在严格履行学校的各项规章制度,而且是执行制度的模范。

什么叫制度?制度就是规则。古人云"不以规矩,不成方圆",没有规则必然混乱,所以规则很重要,有制度必须严格执行,首先是校长不折不扣地去执行,学校、教师、学生才去执行。国家与国家的竞争,学校与学校的竞争，家庭与家庭的竞争，最重要的是制度的竞争、规章的竞争、规矩的竞争。一个国家有了好的制度，发展才能成为可能，因为这种制度解放了生产力，孕育了人才培养环境。一所学校有好的制度，教师才会焕发出青春活力，爱教如痴，爱生如子，学生会信心百倍，兴高采烈，天天向上，健康成长。一个家庭有规矩，家庭教育良好，孩子们从小就懂礼貌，爱学习，爱劳动，长大后也会孝敬父母，家庭和睦，受人称赞。

学校的规章制度非常重要，它的作用不可替代，一个孩子6岁上学，18岁高中毕业，这12年在学校里生活，他受谁的规则影响大呢？学校！教师！学校的规章制度！学校的什么制度呢？学校的考试制度、教学制度、评价制度等直接影响孩子的一生啊。所以制度最重要，遵守制度更重要。

一个好的制度，可以让一个人"严谨"起来，可以使教师工作积极，可以使学生学习努力变优秀。邓小平说："有一套好的制度想做坏事都不可能，而制度不好，好人也可以做坏事。"学校里缺乏制度，缺乏规则，只靠个人魅力、个人能力也能把这个学校玩得转，但绝不会长久且不会有未来，也不能成为名校。所以，"一位好校长就是一所好学校"的观点就有些偏颇，应该是："一位好校长建立健全了一套好的学校制度，成就了一所好学校。"人治必然走向法制，"法"的力量是无穷的。所以应健全学校的各项规章制度，教育全校教职员工和学生敬畏学校的各项制度，是我们的必然选择。制度规则沁人心扉，动人心弦，使人淡定。制度面前人人平等，这种管理的力量是长久的。

只有制度建立并完善了，才能使学校团结、稳定、发展、长久，同时这也是校长对学校最好的贡献。他把制度建设、文化传承镶在了这个学校的历史上，因为靠制度管理的学校比人治的学校更长久、更长远。

（作者单位系河北石家庄市新乐孝德小学）

理想教育的共识

□李国林

一路风雨一路歌,划过岁月的长河。1999年从事教育至今已经13年了,做了13年的"教育野战军",让我感到的是骄傲,13年的"教育野战军生活",更加坚定了我的信念——为民办教育而生!

理想的民办教育当是真正的教育,是承载着一个团队理想的"学校"而不是"学店",因为民办教育不是功利主义的产物,而是教育理想的产物。

理想的民办教育当尊重规律,落实因材施教。孔子开兴办私学之先河,提出了最古老、最深刻的因材施教理念。

由于客观环境不同和个体差异,群体发展的不平衡是自然界的普遍现象。优秀个体从群体里分化出来,率先向高层次发展,应该说符合事物发展的普遍规律。

现在的学校教育与工业化生产方式雷同,不管个人需要什么、爱好什么、擅长什么、目标是什么,都以同样的程序制作统一规格的产品,学生没有选择的余地和自由,纯粹被动地接受一模一样的课程,做一模一样的作业,最后接受一模一样的评价。最致命的缺点是忽略了儿童智力发育的不平衡,刻板地用同一速度去要求智力发育程度不同的孩子。不管是幼儿阶段、小学阶段、初高中阶段,还是大学阶段所学的东西,对优秀孩子也许只要很短的时间就能学完,而且学得很好;而对那些基础一般的孩子来说是极大的时间浪费,对他们而言也是痛苦不堪的事。

理想的民办教育应该是鹰,放它高飞,是鹿,让它奔跑!能飞的飞起来,能跑的跑起来,暂时飞不起来,跑不起来的,也能逐渐学会飞,学会跑。

理想的民办教育应该为孩子的一生夯实发展的基础。"理想、思维、创造精神、人的道德准则是从老师那学不来的,而这些东西往往又决定了人的一生"。为人的整个一生打基础,要学的不仅仅是知识,还需要培养思想观念、道德品行、行为习惯等等,这才是人生立世的基础,教育要回到"学、思、知、行"四方面的统一,要学思联系,知行统一。

理想的民办教育当推行小班化教学,关注每一位学生的发展,体现教育公平。今天,关注每一个学生全面而富有个性的发展已成为主流趋势。使每个学生都能得到教师的关爱,激发学生的聪明才智,发展他们的各方面能力,是每个教育者为之不断奋斗的根本目标。小班化教育就是以学生发展为本的现代教育理念指导下的一种教育实践活动。

理想的民办教育当重视"游学"。"天地阅览室,万物皆书卷",古代学者非常重视游历,他们把"行万里路"和"读万卷书"一同列为学习的重要课程。李白"五岁诵六甲,十岁观百家",25岁时"仗剑去国,辞亲远游"。他南泛湖庭,东游吴越,北上太原,西到巴蜀,漫游生活历时十多年,为阅读、创作奠定了坚实的基础。

当今教育,禁于课堂,囿于课本,脱离火热的生活,这不能不说是教育的一大失误。学生时期,虽不能"仗剑去国,辞亲远游",但为了扩大视野,丰富知识,增加阅历,提高修养,树立志向,学校一定要将"游学"作为课程,为孩子创造接触社会的机会。

(作者单位系河南省濮阳双语实验学校)

让教育像呼吸一样自然

□陈松信

1998年8月,我砸了自己的"铁饭碗",来到一所民办学校。这期间,我横跨学校办公室、招生办、中学、小学等部门,轮换着办公室职员、团委书记、政教处副主任、政教处主任、教务处主任、学部校长、学校副校长兼学部校长等不同岗位的不同角色。角色的变换、舞台的变迁,以及多年来的教育学习与管理实践,使我对教育有了更加清晰的认识,我认为,理想的教育应当像呼吸一样自然。作为一名学校管理者,这些年,我一直在践行心目中的理想教育,努力追寻像呼吸一样自然的教育。

学校环境像呼吸一样自然。现实中,许多学校不像学校,为了"生源"和"分数",学校硝烟弥漫,商业气息和战火味浓烈,像是"商场"和"战场"。其实,学校就应该像学校,是一个纯粹的、简单的为了孩子健康成长的场所。学校的教育,就应该是像呼吸一样自然的教育,应以学生的发展为本,以学生的健康成长为出发点和落脚点,在学校的教室、活动区域等硬件建设上处处彰显人文气息。学校墙壁文化的构建,应充分考虑学生的心理成长需求,没有命令式的口吻,有的只是润物无声的熏陶、感染和引领。学校环境与学生的成长相得益彰,学生在这样的环境里学习和生活,才会感觉轻松、舒适、温馨,像呼吸一样自然。

教师工作像呼吸一样自然。教师应充分认识新形势下的新型师生关系，在课堂上不再高高在上，他们是课堂的组织者、引导者和管理者，与学生平等相处，和谐互动，一心一意为了学生更好地学。如何提高个人专业素养和专业发展水平，更好地服务学生，教育和引导学生，是教师的自我专业发展要求。像呼吸一样自然的教育，学校不"绑架"教师，不束缚教师，而是赋予教师更广大的发展空间，积极为教师的专业成长创造条件、搭建平台，让教师自然地呼吸，自然地发展，让教师工作起来像呼吸一样自然。

学生学习像呼吸一样自然。在一些学校，为了提高所谓的教学质量，学校和教师无视教育教学规律，无视学生的身心健康，对学生实施"题海战术"和"魔鬼训练"，表面上是为了学生的成长，实质是在"利用"学生，让学生成为扩大学校影响力的利器、校长升职的垫脚石、教师职称评聘的筹码。像呼吸一样自然的教育，应该让学生真正成为学校的主体，学校一切工作围绕学生、服务学生。学校尊重教育规律，遵循学生成长规律，不折腾学生，不利用学生，不打击学生的学习积极性。学校充分发挥学生的兴趣、爱好和特长，满足学生的个性化发展需求，让孩子像呼吸一样自然地生长。

教师交往像呼吸一样自然。有的学校因为缺乏民主，教师之间缺乏沟通，可能出现大家各自为阵，甚至因为一些个人利益问题发生摩擦的现象。像呼吸一样自然的教育，学校与权力无关，与个人利益绝缘，只是与学术相连，与学生的成长一脉相承。广大教师为了一个共同的梦想走在一起，彼此间只有一个共同的愿望，那就是为了孩子的健康成长。"学高为师，身正为范"，广大教师抛开世俗观念，大家与世无争，不拉帮结派，不为职称评聘争得面红耳赤，不为评选表彰的名额勾心斗角，全校上下关系和谐，同事之间的相处像呼吸一样自然。

家校配合像呼吸一样自然。家长和学校都是为了孩子的成长，从这一点而言，家长和学校应该志同道合，似乎没有分歧，没有纷争。事实上，许多学校由于缺乏有效的家校沟通，导致家长问责学校的事件层出不穷，搞得学校鸡犬不宁。像呼吸一样自然的教育，倡导建立融洽的、畅通无阻的家校配合绿色通道。教师应积极地、主动地、适时地与家长联系，真诚地与家长交朋友，教师应抵挡住社会上不正之风的影响，与家长"君子之交淡如水"。这样一来，学校和教师才能够得到家长的认同，赢得家长的充分尊重和信任，学校、教师与家长的关系才能如同鱼儿与水的关系，与家长的交往才能像呼吸一样自然。

节庆活动像呼吸一样自然。重大节庆日举行庆祝活动，一则丰富校园文化生活，二则是对学生进行的一次必要的思想政治教育。然而，一旦碰上重大节庆日，学校各个班级积极行动，加班加点，倾全力排练和雕琢节目。此举虽然把节庆活动搞得有声有色，达到了节庆活动的目的，但也扰乱了正常的教学秩序，一定程度上影响了教学质量。像呼吸一样自然的教育，学校和教师对节庆活动胸有成竹，从容应对。因为舞台上的节目已经细化在每个学期的各个兴趣小组活动中，贯穿于教育教学的全过程，各班级无非是在节庆日把日常培训和演练的节目进行梳理和整合，进行串排和雕琢，进而搬上舞台。

应对检查像呼吸一样自然。纵观各大中小学校，每当迎接各项评比检查，抑或是上级领导莅校视察，学校领导无不正襟危坐，唯恐迎检材料准备不周，或者是学校卫生工作差而损害学校形象。于是乎，学校教师"倾巢出动"、人人上场，不眠不休地补充材料，临时地毯式打扫校园卫生。像呼吸一样自然的教育，学校时刻掌握主动，不担心上级领导突击检查，不害怕每一次的评估验收。因为学校制度健全，管理规范有序，大家已经习惯了搜集和保存教育教学的过程性材料，并定期做好各种资料的整理和归档工作，全校师生也已经习惯了每一天清理并保持好校园环境卫生。无论是迎接各项评估检查，还是上级领导突然造访，学校都能够做到"兵来将挡,水来土掩",应对检查像呼吸一样自然。

特色形成像呼吸一样自然。学校特色是学校生存和发展的基础,是学校赢得家长支持和尊敬的关键。特色打造并非一朝一夕,品牌形成不可能一蹴而就。像呼吸一样自然的教育,秉承学校发展历史,发扬学校优良传统,立足学校、教师和学生实际,开发和选择适合学校发展的特色项目。学校特色的打造不是靠喊口号、做宣传,进行一场轰轰烈烈的运动就能催生的产物,而是遵循循序渐进的原则,持之以恒,努力打造的结果。学校特色的形成是随着时间的积淀逐渐彰显,水到渠成,像呼吸一样自然。

(作者单位系福建省泉州市南少林武术学校)

有梦想就有未来

□ 邱广欣

  对于民办教育者来说，这是一个奢谈理想的时代。国家赋予的"盛名"之下和现实生存环境其实难副的现状，使不少民办教育人深感处境之窘迫，他们一直在夹缝中求生存。尽管如此，深植在民办教育人内心深处的理想种子，依然顽强地一次次地萌发出生根发芽开花结果的欲望和冲动。

  此刻，这种欲望和冲动，再一次激荡着我——一个民办教育人心河的堤岸。

  那么，我心目中的民办学校又是怎样的一种情景和状态呢？

  理想的民办学校，应该是学生幸福生活的学园。在这里，学生不是为了升学考试而孜孜以求死板的知识和应试的技能——因为那其中鲜有真正的幸福可言，而是为了获取生活的知识、生命的体验和生存的技能，依据自己的兴趣和爱好，发挥自己的潜质和特长，量身设计个性化的求知学习。在这里，求知的幸福，就其方式和渠道而言，课堂至少不是唯一的选择，而更多的是学生个人或者有共同发展定位的学生群体，自主选择、自愿组合在一起，在教师的指导下，在同伴的参与下，在不同的时空中进行自主的学习、自发的讨论和自觉的探究。对学生学习过程的评价，不是一个结果、一个分数或者一个外在的结论，而更多的是一种体验、一种感悟、一种净化和一种升华的过程。

理想的民办学校，应该是学生健康成长的乐园。在这里，没有千军万马争夺独木桥的互相倾轧，没有为获取高分而夜以继日日以继夜的头悬梁锥刺股，没有用僵化知识塞满头脑的无涯苦海，没有躯体的日益疲惫和精神的日益萎靡。所有的只是荡漾在校园的欢快歌声、回旋在耳畔的清脆书声、不时爆发出的舒心笑声，和那浸透着追求的兴奋和收获的愉悦激动与真诚的泪。简言之，这种健康，可以界定为生活是人性的，躯体是挺拔的，精神是伟岸的，人格是独立的，追求是健康的，成长是自然的。

理想的民办学校，应该是真正意义上的"小"学校——学生三五百人，教工三五十人足矣。在这样的校园里，包括校长在内的全体师生都彼此熟知。彼此可以如数家珍地说出"别人"的一切——姓名、经历、兴趣、爱好等。师生之间生生之间没有成人与幼童之间的隔阂，没有高年级学生与低年级学生之间较大的差异。在这里，师生既有着个性化的追求和向往，又有着共同的价值和理想。既有着自我的风格和神韵，又有着一致的愿景和希望。大家一起互相支持互相搀扶着向前走。

理想的民办学校，应该是有着鲜明办学特色的学校。每一所学校都应该是因其鲜明的独具特色的"这一个"而存在。而不是大众化脸谱的翻版和克隆，更不是对千校一面的众多公办学校的模仿和移植。而这特色的定位，是基于学生个性成长的需要，基于教师个性发展的特点而确定和形成的。不仅如此，这种特色，随着时间的推移，应该沉淀为民办学校独具的文化氛围和办学追求。

理想的民办学校，应该是融自然之趣和环境之美于一体的园林学校。学校应该远离闹市之喧哗，位于静而不僻的山脚水畔。在这里，师生在鸟语花香中吸取知识的甘霖，在山壑林涛里获得成长的营养，目睹的是鱼虾的尽情嬉戏，耳闻的是蝉虫的酣畅鸣叫。一句话，奥妙无穷的大自然是学生心灵的故乡、精神的家园、成长的乐土、生命的源泉。我们要让学生在与大自然零距离的接触中,获得身心的愉悦和茁壮的成长。

理想的民办学校,其教师队伍是真正的具有大爱情怀、渊博学识和脱离了"低级趣味"的群体。他们祈求生活的圆满和富足,但更是为了实现"得天下英才而育之"的事业追求;他们祈求自我价值的实现和突破,但更是为了唤醒、提携、指点和升华年轻的生命。他们不仅具有"静竟净敬"的态势,更具有"忍仁韧稔"的操守。他们不仅具有"做本色人,说真心话,干近情事"的人格定位,不仅具有"独与天地精神往来"的高远境界,更具有一个真正教育人应该具有的"为天地立心,为生民立命,为往圣继绝学,为万世开太平"的远大目标。

有梦想就有未来。

不同的人,对于民办教育和民办学校有着不同的理想描述。而这诸多的描述,或许仅仅是一种理想乃至梦想空想而已,但是,正是这种憧憬和向往,鼓舞着无数的民办教育人为民办教育事业殚精竭虑地追求着,默默无闻地奉献着自己的青春和生命。

(作者单位系武汉枫叶国际学校)

每所学校都应该有自己的哲学

□包兴桐

学校是什么地方?学校应该具有什么样的灵魂与气息?学校应该带给孩子什么样的童年与未来?当我们长久地行走在教育路上时,不妨回头看看自己曾经走过的路是否已经偏移了最初的追求。让我们追随一位普通教师的思考路径,去叩问心灵——无论对公办学校还是民办学校工作者而言,相信都不无启迪。

在今天,教育是个热门话题。但热议较多的是教育的是与非、曲与折,对于教育存在本身,怀疑的却不多。虽然也有一些人由于对现代学校教育不满而自办"私塾",不让孩子上学,但这毕竟是少数,成不了气候,也否定不了学校的存在。

但是,如果仔细推究,现在很多学校存在的充分性,却令人怀疑。我总觉得,现在的幼儿园不像幼儿园,小学不像小学,中学不像中学,中专不像中专,大学不像大学。它们违反了、淡化了自身的生命特征,面目变得模糊不清。

那么,学校应该是什么?不管是公办学校还是民办学校,都应该明了,学校是学生"读书"和"学习"的地方。但如果仅仅是这样,学校就没有充分的理由存在。比如,现在一些家长自办的私塾就可以代替学校,甚至远程教育网上学习也可以代替学校。所以,学校的存在应该有更充分的理由,有更多的不可替代性。北京十一学校校长李希贵发现,对于绝大多数学生来说,学校首先是他们寻找同伴的地方——而不是学习的地方。也就是说,学校最重要的事情不是读书和学习。对当下一些趋于同质化的多数公办学校而言,"学习"与"读书"几乎成了孩子校园生活的全部,相反,一些民办学校在构建儿童信仰、培养孩子交际能力方面,则更胜一筹。

著名学者林语堂对学校怀有一种固执的情结,他说:"学堂外观之最重要部分就是一座颓圮古朴苔痕半壁匾额字迹潦倒不可复认的大门,其余一切学堂的房屋树木场所周围亦必有一种森严古朴的气象,使人一跨进大门如置身别一天地,忘记我们一切的俗虑俗冗……""一跨进大门如置身别一天地,忘记我们一切的俗虑俗冗"这才是学校。当然,学校这份"如置身别一天地"不仅是由学校的围墙、环境营造的,更是由学校的生命特征决定的。

参观南京雨花台中学时,这所学校的办学愿景给我很深的感触:把学校办成每个人都向往的学校,每个人都怀念的学校。这一愿景看起来很普通、很平实,内涵却非常丰富深刻,实现这一愿景实非易事。一所学校的真正魅力在于它丰富的智力背景和深厚的文化底蕴,在于它别具一格的精神氛围和执着的办学追求。一个人体现出的独特处世态度和做事方式,是他的生命特征所在;一所学校主体成员体现出的独特处世态度和做事方式,则是这所学校的生命特征所在——这就是一所学校的哲学,它是学校全体成员所广泛认同的精神追求,它主导着学校每个成员的言行,在潜移默化中影响着每一个成员的思维与行动。

所以,对于学校教育来说,重要的不是教给学生多少东西,而是在他们离开学校后能给他们留下多少东西。雅斯贝尔斯说:"教育是人的灵魂的教育,而非理性知识的堆积。"蒙台梭利认为:"教育就是激发生命,充实生命,协助孩子们用自己的力量生存下去,并帮助他们发展这种精神。"好的学校教育，应该给学生精神上的丰富和引导，形成他们独特的处世态度和做事方式，并最终形成他们的人生哲学。

日本管理大师稻盛和夫这样说过，观察社会，你会发现每个人都走着不同的人生道路，有人幸福，有人痛苦。"为何人生境遇差别如此之大？"稻盛和夫从年轻时就开始思考这个问题，结果想出了一个方程式，即"人生·工作的结果＝思维方式×热情×能力"。也就是说，人生和工作的结果，要用"思维方式"、"热情"、"能力"三要素的乘积表示，而不是三者之和。这"思维方式"就是稻盛和夫常说的"哲学"，简单地说，就是一种想法，一种不一样的想法。而稻盛和夫的经营哲学可能对我们学校完成自己的哲学使命更有启发：对于一个经营者来说，拥有一份人生的哲学，拥有人文情怀不仅不与经营相悖，而且可以成全经营，成就有意义的人生。

在今天，似乎每一个人都很渴望成功，但对成功的理解十分狭隘，往往局限于发达和发财之类。我们热衷并善于放大、复制别人的发财、发达的故事。但很显然，"发达"或"发财"只有一个功利的小坐标，把人生当作一种资本来经营，这样即使取得了成功，也只是一种渺小的成功。而"哲学"则是立足于人生全局的大坐标，它告诉人们，真正的成功首先应是做人的成功，即做一个精神上优秀的人，有人文情怀的人，从而让自己生活得有意义，而事业的成功不过是做人成功的一个自然结果而已。我们平时所做之事、所过之生活总是一个局部，哲学就是要我们从这个局部中跳出来，从我们孜孜追求的发达和发财中跳出来，"观"世界和人生的全局。通过"观"全局，我们才能获得一个正确的坐标，用以衡量自己所过的生活有无意义、怎样生活才有意义。所以，在今天强调学校的"哲学"，显得尤其重要。

是的，在一个教育偏于功利化、快餐化和娱乐化的时代，每所学校更应该有自己的哲学，无论对公办学校还是民办学校而言，都是如此。

学校应该通过对学校文化和核心价值观的培育,通过对学生的影响和引导,来完成自己的哲学使命,来充实自己存在的理由。

(作者单位系浙江省平阳县职业教育中心)

民办教育花海一片

□ 郜晏中

"民办教育是一块处女地,我们是一群躬耕者,在时间和岁月里沉淀下来的,将是我们这一代人不知疲倦的脚印……"

这是一首献给民办教育的颂歌。虽然,它目前还是一朵等待催开的蓓蕾,但我相信,漫漫寒冬之后的来年,它必然是一片百花齐放的园林。

理想的民办学校,犹如一朵含苞待放的牡丹花。它光华四射,富丽堂皇。不要以为民办教育只会躲在僻静的角落静静地开,静静地谢,它虽然只是国家倡导开放办教育、鼓励教育多元化形势下长出来的一枝花,但不久的将来,她必定众芳齐放花满园。民办教育不仅可以做大,还可以做强、做好。杭州育才中学就是在这样的大好背景下应运而生,它不仅长期稳健地占据了杭州城区优质初中的半壁江山,以优异的教学质量和独特的办学理念赢得了老百姓的口碑,还办出了自己的特色和风格。而且她的教育理念与思想已经深深浸透在每一位教师员工的心中。从课堂至课外,从教师到学生,无不贯穿一种理想——教育,就是发展个性;教育,就是改变习惯。

理想的民办教育,犹如一朵暗香盈袖的梅花。它傲对霜雪,玉洁冰清。只有秉承自己的办学理想,紧抓课堂教学这根绳不放,始终把学生放在首位，教育才能释放出应有的生态。梅花不从众，不媚俗。民办教育是遵循市场机制的产物，它始终坚持不做庸俗的、顺应时机的行为，如搞什么批量生产，把学生当成培训对象来教育，只唯经济利益是图。它始终坚持教育是为了完善人的行为品格，当教育是指向人的教育，才回归到了原位。如今，很多学校，尤其是民办学校，存在着办学焦虑情绪，即民办学校如何才能长久。在我看来，教育就是理想教育，如果只把办学视为市场下的博弈，那么学校就缺乏肌骨和品质，这样的学校能长久吗？

　　理想的民办教育，犹如一朵娇艳欲滴的荷花。它不落窠臼，叶叶相牵。校园特色突出，一校一品，一校一点。今天的教育，实际上是鼓励学校办出个性，办出风格。学校是一片荷塘，要营造出自己的月色，就应该有点朱自清的忧郁，这种忧郁是淡淡的，是对当前教育现状的关注与忧思。重视教师的发展，就是要培养他们的爱岗敬业意识与钻研上进意识，形成健康的校园文化。重视学生的发展，应该着眼于培养孩子的仁爱之心、集体意识、团结协作，千万不要只有分数的高低和功利的选拔。评价学生，应该更关注于孩子的终身发展，关注孩子的身心和思想，关注他们独立健全人格的塑造和培养。如果孩子都是一朵出淤泥而不染的荷花，那么我们就是欣赏他们傲岸开放的智者，我们愿做这样的有识之士！

　　理想的民办教育，犹如一朵风中摇曳却坚定挺拔的芦花。它傲对苍茫，始终向上。面对公办学校的强势包围，民办学校始终是一个角斗士和舞者。它的命运是由自己来决定的，这就需要我们民办教育人有着强烈的生存意识，同时具备战略眼光。"蒹葭苍苍，白露为霜"，前面的路就像云端的伊人，你不知道她在哪里，也不知道怎样的努力会换来怎样的结果，但是你不应该放弃，选择了它就选择了上下求索，我们这些民办教育人是前行的歌者，是"溯游从之"的追求者，我们一直是坚定的芦苇，思想者的花魁。中国教育需要这样的开拓者、前瞻者，有理想才有希望，有执着的求索才有"花到开时应需开"之时。

最后，我想说，民办教育是一块处女地，我们是一群躬耕者，但愿花开之时，就有一个春色满园的前景。在时间和岁月里沉淀下来的，将是我们这一代人不知疲倦的脚印。

又是一年好风景，希望我们的民办教育这架马车跑得更给力，铃声更悠扬，让美丽的理想之光洒满校园，让百花齐放，迎来花海璀璨的一年！

（作者单位系浙江省杭州市育才中学）

守候民办教育的春天

□ 何志杰

历经了30年的风雨，我国民办教育已经成为中国教育体系的重要组成部分，但也要看到，处在发展转型期的民办教育正面临着严峻的挑战，民办学校发展状况和规模进一步两极分化，一部分学校的发展进入良性运转，一部分学校则陷入半停滞半瘫痪状态，还有部分民办学校，在公办学校挤压和市场竞争加剧的严峻形势中败下阵来，以至于倒闭破产。目前来看，民办学校还远远不是国人的主流性教育选择。民办教育的发展仍然需要经历一个提高质量、强化管理、塑造品牌、增强实力和树立威信的过程。要形成民办教育与公办教育共同发展的格局，道路还相当漫长，因此需要有教育理想的人去努力打造理想的民办教育。

理想的民办教育，应该在政府眼中和公办教育一样是"嫡子"，而不是"庶子"，更不是"私生子"，应得到和公办教育一样的待遇。民办学校不再因为不公平的发展环境而自杀或被扼杀；民办学校的学生，不再因为选择了民办学校就被剥夺了享受"两免一补"、生均公用经费和"住宿补助"等权利。

理想的民办教育，应该守住教育的底线，把教育做实、做真、做大、做强，真正做到形象好、质量高、服务优、管理精，真正成为教育改革的领跑者和排头兵，无论从学校管理、办学水平、软硬件设施、办学特色，还是教育教学质量上要明显超越公办学校，要使民办教育成为国民教育需求的首选。

理想中的民办教育，应该成为公共教育经费的受益者，而不是成为边缘人和被冷落者。因为"公共教育经费"并不等同于"公办教育经费"，它应该为全体国民所使用，它理应包括民办学校的学生。只有这样，才能实现真正的教育公平，才能使民办教育走出困境，才有可能形成民办教育和公办教育共同发展的格局，才能实现民办教育和公办教育公平竞争、优势互补，使我国教育事业走上快车道。

理想中的民办教育，不再是唯利是图的"非公企业"，不再是利益的最大追求者，而是把社会效益放在第一位。民办教育的创业者和领导者，应该是胸怀教育理想和情怀的人，是真做教育的人，是做真教育的人，是致力于把教育做真的人，同时靠打造学校文化把教师和学生都培育成有教育理想的人。

理想中的民办教育，应该成为我国教育事业发展的重要增长点，民办教育应该从边缘地位走向中心地位，从从属地位走向主体地位，从非主流走向主流，成为中国教育的中坚力量。

随着教育体制改革的深入发展，随着政府教育政策的不断调整和教育环境的改善，理想的民办教育一定会出现在中国大地上，让我们张开双臂准备拥抱民办教育的春天吧！

（作者单位系河北省固安县英才中学）

教育理想国

□任 杰

新年伊始，民办教育人在新的一年里将开启"理想之旅"，去寻觅自己的教育"理想国"。

我也有自己的理想，我的理想背景像中国教育科学研究院院长袁振国在《教育新理念》一书中描绘的那样："教育实践，尤其是教育管理工作对教育家施展自己的抱负以及不断提高、完善自己的教育思想，育人方法是非常有益的，教育家的最佳实践基础是中小学，且私学的优势大于官学。"我在设想这样一种场景：走在诗意的校园，聆听孩子们在高声诵读诗词，把教书育人做成美丽事业，让办学和探索浑然天成，解码民办教育，成就诗意人生！

然而，我们的学校离这个境界很遥远，我们民办学校离这个境界还很遥远，我们还是教育的第三世界，甚至尚未解决温饱，何谈小康！

民办学校学生被省示范、市示范层层掐尖，留下的这部分学生让年轻教师的教学捉襟见肘。民办学校老师这山望着那山高，学校抓教学力度越大，他们考取公办学校编制速度越快，民办学校在为他人做嫁衣，学校不抓教学又等于慢性自杀，是否培养教师让民办学校校长进退两难。

民办学校校长或来自公办学校，已年过花甲，经验丰富，然精力不济；或初出茅庐，精力过剩，然经验不足。校长频频更换，让民办学校雪上加霜。

　　民办学校办学人大体上分两类：有钱者办学，不懂教育；懂教育者办学，大都没钱。有些地方政府的优惠政策迟迟不能到位，让办学人囊中羞涩，举步维艰。

　　我们缺学生吗？不！大班额为证；我们缺老师吗？不，就业率为证；我们缺校长吗？不，人才市场为证；我们缺钱吗？不，GDP为证；我们缺法律吗？不，《民办教育促进法》为证。但是，民办教育并没有迎来"大发展"的春天。

　　期待在政府教育督导条例中，在市长、县长的述职报告中，能看到民办教育的份额。要让公办学校和民办学校的法律公平落在实处，就得让落实法律的人在责任和利益上体现公平，就得把民办学校发展纳入当地政府和官员的考评，这才是民办教育的破冰之旅，这才能让民办学校走向春光明媚的"桃花源"。

（作者单位系安徽省阜阳市京九实验中学）

我所羡慕的民办学校

□余拱焰

为了追寻自己的教育梦想,我毅然离开了工作多年的教育行政岗位,南下从事民办教育已近20个年头。这些年来,基于民办教育工作的实践与反思,我越来越由衷地羡慕那些举办者、管理者和教师们目标一致的学校,羡慕那些能让教职员工干事创业成业的学校,羡慕那些能让学生健康成长发展的学校,羡慕那些具有鲜明个性和特色的学校。

我羡慕那些举办者、管理者和教师们目标一致的学校。这样的学校已把三者捆绑在一起了,举办者能把管理者和教师当作朋友来对待,他会善待每一位员工,关心每一个人;他会实行学校的管办分离,会充分信任学校的管理者和教职员工,放手让他们主动地工作;他会认真地倾听大家的意见,充分调动他们的工作积极性。大家就会心往一处想,劲往一处使,学校追求办学品位的高档次、办学质量的高水平就有可能,学校就能优质发展;学校就有足够的能力抵御各类风险,克服各类困难,能够稳定发展;学校就不会有内耗,不会有"理不清"、"理还乱"的琐事,学校一定能够顺利而健康的发展。

我羡慕那些能让教职员工干事创业成业的学校。这样的学校一定能够得到社会的支持和政府的重视。这里不仅用待遇留得住人才,用情感稳得住人才，而且用事业引得进人才，这样的学校具有磁石般的吸引力，一定会云集八方俊士，人尽其才，才尽其用；这里的教职员工有自豪感、责任感和使命感，他们是学校的主人公，他们的政治地位和经济待遇同公办学校的教师相差无几，虽为打工身份，绝无打工意识；这里的教职员工能有尊严地工作与生活，他们绝对不是"三等公民"，也无生老病死的后顾之忧，在这里，他们会舒心、开心、安心；这样的学校有宽松的工作氛围，和谐的人际环境，他们用不着去拉关系、求人情，会全身心地投入工作，会脚踏实地的工作；这里是他们干事创业的场所，也是他们干事成业的平台，他们有机会充分地施展自己的才华和本领。

我羡慕那些能让学生健康成长发展的学校。这不仅是教育本质的追求，而且是学校功利性发展的需求。这样的学校"力求人人成功，务使个个成人"，学校的工作是"一切为了学生，为了一切学生，为了学生的一切"，学校是学生"读书的学园，生活的乐园，成长的家园"；这样的学校应该是"教书育人、服务育人、管理育人"的场所，有"全员育人、管理育人、全程育人"的时空。学生在这里能够"快乐地学习，愉快地生活，健康地成长"，他们就会喜欢这所学校，热爱这所学校，就会乐意地接受学校和老师的教育。学生健康地成长发展，不仅是其学业成绩能有进步，而且其行为习惯能有转变、道德情操能有提升；不仅是其知识水平有提高，而且其身心健康有保障，综合素质有发展；这样的学校令我羡慕，更让学生热爱、家长称心、社会满意、政府肯定。

我羡慕那些具有鲜明个性特色的学校。盯着考试变、围着分数转的应试学校比比皆是，作为一位追求现代新型教育的老教育工作者，对目前的这种教育现状既厌恶、又无奈。我期望非财政经费投资的民办学校，摆脱应试型同质化发展的模式，在差异化、多样化发展方面有所突破；我期望政府主管部门对民办学校少一点行政干预，多一些政策支持；少一些统考、统测、统评，多一些教育创新的指导；我期望的民办学校应该是管理者和教职员工开展教育创新活动的试验场地,在这里能由学校自主设计课程、自主选择教材,这里的教师人人都是研究型人才,个个都有教育特色;这里的学生用不着同别人去比成绩、比分数,要比,就去比进步、比能力,这里的学生人人都有自己的兴趣和爱好,个个都有自己的特点和特长;这样的学校是一个真正培养人、造就人才的学府,而不是铸造统一规格形状标准件的学店。

我羡慕这样的民办学校,我追寻这样的民办教育,然而,这样的学校毕竟太少;我努力实践着自己的教育抱负,然而总是那样的无奈。也许这是我过于理想化的教育追求,然而这种追求却是我挥之不去的教育情结,磨灭不掉的教育信念。

(作者单位系广东省东莞市华南师大嘉玛学校)

教育的进步与其他领域一样，很难在大一统的管控体制下产生。"办好各级各类公办学校"和"大力发展民办教育"，两者兼顾，就是"底线+创造"。前者是底线，是保障，可以保均衡、促公平、守底线，从而减少择校需求；后者是创造，是机遇，可以抓环境、求发展、促繁荣，从而满足择校需求！底线有保障，创造无止境。保底靠政府，繁荣靠市场。这与教育的公益性原则并不矛盾。

第贰辑　思想者的立场

谁是私学第一人

□ 侯海阳

早在4000多年前的夏朝,我国就有了学校教育的形态。古书上说,夏、商、周三代均对贵族子弟"设庠、序、学、校以教之"。这里的"庠、序、学、校"是当时不同的教育机构。对于它们的区别,孟子曾在《孟子·滕文公上》中作过说明:"庠者,养也;校者,教也;序者,射也。"也就是说庠是养老的场所,由于奴隶社会教育孩子的任务往往由老人完成,所以"庠"也是教育机构;校是习武的场所;序是习射的场所;当然,"学"是学习文化的机构。可以看出,当时的教育是全人教育,是注重学生全面发展的教育。

西周建立的是典型的政教合一的官学体系,这个时期已经建立了完备的教育制度。《礼记·学记》中称"家有塾,党有庠,术有序,国有学"的说法,这是对西周教育制度通俗的解释。"家有塾"意思是靠近家的地方有一个私塾。古代二十五家为一闾,住在一个巷子里,巷首有门,门旁边的地方就叫"塾"。"私塾"这个词就是从这里来的,就是每个弄堂口有一所小学校。"党有庠",在古代五百家为一党,五百家有一所学校。"术有序","术"就是遂,一万二千五百家为一遂,每遂设置一个序。

在西周中央有官学,地方有乡学,而中央官学又分为小学和大学。

商、周时国家最高学府称为大学，周代又名辟雍，"天子曰辟雍，诸侯曰泮宫"（《礼记·王制》）。西周时，王都大学分为五学，东学为东序，西学为瞽宗，北学为上庠，南学为成均，中央为太学，太学又称辟雍或明堂。在课程设置上，西周教育课程为"六艺"，即礼、乐、射、御、书、数。礼包含政治、道德、爱国主义、行为习惯等内容；乐包含音乐、舞蹈、诗歌等内容；射是射箭技术的训练；御是驾驭战车技术的培养；书是识字教育；数包含数学等自然科学及宗教技术的传授。从"六艺"内容我们可以看出，西周的课程设置是文武并重，知能兼求，虽然当时没有"素质教育"这个名词，但周朝实行的确实是素质教育。想一想也很正常，科举制度是隋朝建立的，当时没有考试，他们当然不会搞应试教育。

到了东周，官学开始衰微，私人办学开始兴起。一般认为孔子是第一个开办私学的人，我认为是有待商榷的。据考证，柳下惠才是目前有文字记载的中国创办私学第一人。

柳下惠，鲁国大夫，姓展，名获，字禽，又字季，封地于柳下，死后谥号为"惠"，故曰柳下惠。根据柳氏家谱和历史上的记载，柳下惠的后代分为两个姓氏，一支依然姓展，另一支取封地"柳下"的第一个字为姓，柳氏由此而生。柳下惠退居柳下后，创办私学，在家中授课，招收学生，传播文化、礼仪等知识。据记载，他90岁时上门求教的学生还有百余人。孟子赞扬他：柳下惠，圣之和者也。因此，他也有"和圣"之称。

规模能达百余人，这在古代教育史上已经是一大盛举，这可能创下了90岁高龄仍在从事私学的历史奇迹。据说柳下惠活到百岁后才去世，他的门生应该不计其数。柳下惠创办私学在其晚年可能已经达到高峰，这肯定影响了比他晚一二百年出生的孔子，这一点在孔孟的著述中可以得到印证。有人还发现了一部由柳下惠八世孙展迈始修的《展氏族谱》，对柳下惠十五世孙展孚有如此记载:"家藏祖遗简册,遭秦苛政,追焚一空,终日号泣。"柳下惠的后人柳哲因此推断,柳下惠的著作的失传,也许与秦朝的"焚书坑儒"大有关系。这部《展氏族谱》上还有一幅《食邑柳下书堂图》,也说明了柳下惠晚年曾经在柳下创办过"柳下书堂"。

当然,就影响来说,孔子私学影响最大。春秋时期,孔子私学规模最大,存在了四十多年,相传弟子有三千。战国时期,孟子私学是有很大影响的学派。孟子私学特别重视人的内在能力的培养,主张发挥人天生的善性。把教育看作是人心内发的作用。在教育的目的上,他主张个人本位。孟子私学的这些理论和经验,成了后世儒家教育的经典。

其实,在孔子时代,还有另外一些私学也办得红红火火,如火如荼。例如郑国的邓析,办了一所法律培训学校,兼律师速成班。他自己就是一个名声赫赫、对法律问题很有研究并出版过法律学著作的法学家。我们都知道,办学越是教技术、教专业,来求学的人就越多,因为学了马上就能用,这跟现在一样。所以邓析的学校办得很红火。邓析自己常常帮别人打官司,他收取律师费也很有意思,大的案件,收一件上衣,小的案件,收一条裤子,或者一件短袄。结果是老百姓带着衣服到他这儿交学费,请他教大家怎么去打官司,不可胜数。

孔子等人的私学冲破了"学在官府"的旧传统,学校从宫廷移到民间,教育对象由贵族扩大到平民,教师可以随处讲学,学生可以自由择师,教学内容与社会现实生活有了较广泛的联系,这促进了百家争鸣局面的出现。春秋战国时代私人办学的兴起和发展具有重要意义,它是我国教育史上的一个重要里程碑。

(作者单位系山东省定陶县第一中学)

别让创新遭遇"黄灯"

□卢志文

基于保障安全出行的必要,元旦后,被称为"史上最严"的交规修订版正式实施。新交规加强了对闯黄灯的处罚力度,引发了社会热议。有法学界人士认为按闯红灯处罚闯黄灯涉嫌违法。接着就闹出了深圳交警局与广东省公安厅交管局打嘴仗的新闻。《中国青年报》评论呼吁"以尊重科学名义建议缓行黄灯新规"。文章说,新交规之所以引发如此大的争议,并非因为其严苛,而是因为它反科学,为了解决一个小问题,却可能制造另一个大问题。

与新交规出台立即引发强烈反响相比,已经颁布实施整整10年的《民办教育促进法》,因社会人群涉及面较小,几无教育圈外人士关注,更无刺耳呛声。把"促进民办教育事业的健康发展"列为第一条的这项"促进法",究竟有没有有效促进中国民办教育的发展,相信人们不难做出理性的判断。

依据基础教育阶段民办中小学校数量的走势,特别是民办高中数量不增反降的事实,固然不能得出《民办教育促进法》的出台钳制阻碍了民办教育发展的结论。但必须承认:"促进法"在基础教育阶段并无明显"促进"作用,有违立法初衷。而在前两年网络调查中,基础教育恰恰是百姓最不满意的社会事业之一。

虽然民办教育是应"解决政府教育发展经费不足问题"而生，但绝不是"政府财力不足时的过渡性产物"，而是中国教育发展的必然要求！目前，民办教育对中国教育发展和社会发展的价值，普遍没有被认清，从而导致政策左摇右摆，欲扬又抑。走向"市场"的中国经济，越走越活，取得了举世瞩目的成绩，教育却"计划性"越来越强，与经济和社会发展的根本要求相脱离。教育的"强制性"、"威权化"、"行政化"趋向愈发严重，和人的选择性需求相背离。我们总是让家长削足适履地去迁就学校，而不是用多元化的优质服务去满足家长。"增加教育供给方式的多样化和选择性"早已是现实的迫切需要。

如果有人认为国家顺利推进免费义务教育才是导致民办基础教育阶段学校减少的原因，这是一个值得推敲的结论。不远的将来，国家进一步发展，学生可免费享有12年，甚至15年义务教育，那时民办学校就会消失吗？我们耳熟能详的世界名校，许多都不是公办或国家所有的。即使在经济高度发达的日本和欧美国家，民间资本也是促进教育发展、繁荣的重要力量。

"底线＋创造"是安全稳定的保底策略和高效跨越的创造策略的完美结合，是处理复杂教育问题的"黄金律"。教育的进步与其他领域一样，很难在大一统的管控体制下产生。"办好各级各类公办学校"和"大力发展民办教育"，两者兼顾，就是"底线＋创造"。前者是底线，是保障，可以保均衡、促公平、守底线，从而减少择校需求；后者是创造，是机遇，可以抓环境、求发展、促繁荣，从而满足择校需求！底线有保障，创造无止境。保底靠政府，繁荣靠市场。这与教育的公益性原则并不矛盾。

新年伊始，围绕闯黄灯新交规这场争议，无论结果如何，都给教育，特别是教育立法带来生动启示：再好的立法初衷也可能操作跑偏，科学纠偏须及时。

《民办教育促进法》颁布实施 10 年来，公办学校的垄断地位丝毫没有削弱，优质品牌学校数量依然严重不足，选择送子女出国就读的家庭数量呈井喷式增长，以法律形式公布的种种"禁止"与"不准"却时时为教育（不只是民办教育）创新亮出"黄灯"……

作为国家教育的重要组成部分，民办教育不可或缺。党的十八大结束后，新一轮改革已经站上起跑线，谁来为中国教育创新变革松绑助威，并点亮一路绿灯？

2012 年 12 月 5 日，中国民办教育发展大会在温州举行。温州，作为国务院"民办教育综合改革试点区"，出台了一系列加快民办教育发展的配套政策和实施办法：从"1＋9"文件，发展为"1＋14"政策体系。这是"我国目前民办教育领域综合性、配套性最完善的制度设计体系，扫除了新时期阻碍民办教育发展的政策性障碍"。

温州是中国民营经济发祥地，也是中国改革开放的先行区，这方曾经创造无数经济奇迹的热土，能否创造另一个奇迹，为中国教育探路？

2014，让我们载着希望，前行！

（作者单位系江苏翔宇教育集团）

教育需要回归民间汲取力量

□卢志文

今天民办教育遭遇的问题，和20多年前的民营经济颇为相似。那时中国的私营企业不过是夹缝当中的野草，在种种陌生、疑惑甚至责难的目光中艰难地伸出绿色。然而这一片嫩绿经历风吹雨打、酷暑严寒，今天早已经繁茂成春天，撑起了中国经济的大半江山。

我们当然有理由相信，若干年后的中国民办教育必将滋生出另一片绿叶，成为中国教育舞台上的A角和支柱。但是民办教育这片新绿，今天也许更需要一些珍视和呵护。今天，无论是从观念上、宏观制度上，还是从微观环境中，艰难前行的民办教育都获得了新的进步与突破，但是依然不能改变其整体发展疲弱的基本现实。

民办教育是作为鲇鱼进入中国教育生态的，我们对这条鲇鱼曾经寄予了很多的期望。我们希望它激活公办学校的办学机制和活力，我们希望它自己长大，能够给走向多元化的中国社会提供选择的可能。我们希望它能做强，能够进入国际市场，去为中华民族的伟大复兴赢得空间。但是这条鲇鱼今天在内湖早已经遍体鳞伤、精疲力竭，它根本无法游向外海，更难在国际教育的大洋中有所作为。

由此我们想到鲇鱼这个角色，其实它从来只是工具和手段，不是目的。所以当说民办教育是鲇鱼的时候，就已经设定了它悲情的角色。民办教育在中国教育边缘行走的命运到今天没有改变,战略缺失,方向不明,制度设计存在缺陷;扶持不力,环境不好,学校生存状况堪忧;数量不足,质量不高,行业发展遭遇瓶颈。民办学校是在温暖的宏观话语和严酷的微观环境中步履蹒跚的前行着。

目前,民办教育对中国教育发展、社会发展和国际竞争的价值,其实还没有被普遍真正认清,从而导致宏观政策左摇右摆,欲扬又抑。这反映了民办教育发展的国家战略问题,可以这么说,中国的改革开放没有在教育领域迈出更大的实质性的步伐,已经是中华民族复兴大业当中的一个重大的战略缺憾。

几乎所有的制造业的出口,我们都有较多的贸易顺差,唯教育服务领域我们却存在着巨额的贸易逆差,受制于体制,中国教育在国际教育服务贸易的市场当中,几乎完全没有竞争力。近年,全国高考参考人数大幅下降,而出国就学人数却持续井喷式地增长,并出现了低龄化、优质化和平民化的趋势。过去本科毕业之后选择到国外读研究生,今天高中毕业选择到国外去读大学,甚至初中毕业选择到国外去读高中。过去是考不上大学的孩子自费出国,今天是考上国内名牌大学的孩子放弃在国内上学,也要到国外去就读。过去是少数先富起来的一部分人家庭有着丰厚的收入,他们用富余的财力送孩子到国外就读。今天我们看到了更多的工薪阶层的家庭,勒紧裤腰带,也把孩子送到国外去就读。

我们在制造领域的那些贸易优势,是以牺牲资源、环境和劳动者的福利保障换来的,非常不容易。我们还备受指责,低附加值,只有5%左右的利润空间,并且难以持续。我们还有多少资源可以消耗?我们的环境还承受得起这样发展的代价吗?而教育属于服务贸易领域,高附加值,可持续,几乎不消耗资源,没有任何污染,更不需要牺牲劳动者的劳动保障。教育还是一个战略行业,不仅是经济账,我们还要算人才账、文化账、政治账,那样算起来我们的损失更大。

当年我们深知国有企业产品没有竞争力，才让大批国有中小企业转制民营。今天中国企业走出去的探索，大家也知道，是民企获得了发展。而大型国企都铩羽而归。他们付出了另一种更加高昂的学费，这就告诉我们，不繁荣民办教育，我国教育服务的产品的国际贸易将永无竞争力可言。教育周期长，掉头难，改变现状和打造品牌需要很长的时间。我们已经错失了很多机遇，留给我们机遇的窗口已经很小很小了。

我们耽搁的不是民办教育，而是中国教育；我们错过的不是教育振兴的机会，而是民族复兴的机会。教育的创新和进步与其他领域一样，其实很难在大一统的管控体制下产生。大家知道，近一百年来，我们经常感慨，中国诞生的教育家，现在太少了。但是如果我们统计一下这一百年来诞生的教育家，我们会发现在一些阶段涌现了一大批卓越的教育家，涌现了一大批卓越的学校，今天我们无法超越。可是那些学校那些教育家是在什么年代产生的呢？恰恰是在战争的动乱年代，政府无力管控的时候，教育回归了民间，居然涌现了那么多的教育家和名牌学校。

（作者单位系江苏翔宇教育集团）

自由思想的力量

□吴 华

民办教育是中国自改革开放以来教育领域最重要的制度创新之一。民办教育的出现,打破了政府对教育的垄断,我想,这是民办教育一个非常重要的价值。一个社会没有私立教育或者民办教育,只有两种可能——或许这个社会已经堕落到丧失自由思想的愿望,或者这个社会实行严厉的思想管制不允许有自由的思想。由于第一种情形不可能符合人类的本性,因此只有实行思想管制的社会才不允许私立教育(民办教育)的存在。

民办教育的功能分为两类,一类是它对教育效率、教育公平的贡献,这是一般的功能,这些功能同时也是公办教育所具有的;另一类是它鼓励自由思想的贡献,这种特殊的功能是公办教育常常缺乏的。

民办教育对教育公平的贡献,我们对此常常有一种误解。比如说,我们看见很多民办学校的校舍非常豪华,就会误认为民办教育破坏了教育公平,就会听到很多教育行政部门的官员明确表示:"民办教育别的都好,但它破坏了教育公平。"民办教育对教育公平的贡献,可以从两个方面来理解,一是通过"帕累托改进"的方式,由于3000万民办学校在校学生的存在,使得本来应该公共财政支付在这个方面的经费,可以大幅地用于改善薄弱学校和弱势群体的教育状态,而在这个过程当中,没有任何人的利益受损。当然，有相当一部分的薄弱群体的教育利益得不到改善，但这是它的一个典型改进过程。二是体现在民办教育是自由选择的，也就是说，选择民办教育的3000多万学生，无论原来状况如何，都不是被强迫的。无论从实质还是形式来看，民办教育对教育公平的贡献都是正面的。

从近几年来民办教育的发展态势可以看到，学校数量减少了，学生人数上升了，两者形成一个比较强烈的反差。这个现象表明，存活下来的义务教育阶段民办学校的实力是增强的。事实告诉我们，教育是可以由民间来办，而且可以办得更好。除了义务教育以外，在任何教育领域，都没有任何证据表明，公办教育一定比民办教育更有效。即便在义务教育领域，政府也只是在推动义务教育方面具有独特的优势，但在义务教育实现以后，政府办学并不具有必然的优势。办教育是政府责任，而不是政府特权。

对民办教育和公办教育的关系，我们有一个共识，是公办、民办的"共同发展"。按我的理解，共同发展不是类型上的同时存在，也不是数量上的比例发展，公办百分之多少，民办百分之多少，也不是划分势力范围地限制发展，公办义务教育，民办非义务教育。共同发展的本质是公办教育、民办教育各自充分发挥体制优势的发展，是在公平竞争的制度环境中动态优化发展，是充分满足社会主义市场经济体制和人民群众对优质和多样化教育的需要，这才是共同发展。

民办教育面临的主要问题仍然是歧视，这一次《国家中长期教育改革和发展规划纲要（2010－2020年）》中明确指出，要"清理和纠正对民办学校的各类歧视政策"，这是破天荒的第一次。由此可见，对民办教育的歧视，对民办学校的歧视，对民办学校教师和民办学校学生的歧视已经达到了何等严重的程度，以至于国家也必须要站出来说要清理纠正对民办学校的各类歧视政策。

怎样消除歧视？第一，以教育凭证为核心的教育财政改革，教育凭证是教育公平最有效的体现；第二是教育人事改革；第三是社会贡献行政规则。

民办教育的持续发展核心是消除歧视，关键是放松规制。消除公办教育对公共教育资源的垄断，放松政府在教育市场的行政规制，扩大地方的教育决策权限，保障学校的办学自主权。最终是超越公办和民办的分野，它的突出特征就是政府出钱，学校办学，它的基本制度架构是以自主办学为核心，以"教育券"为基础的教育财政制度，以自由选择为特征的学生入学制度。

我有一个梦想，在一个不算太遥远的将来，中国成为教育自由的天堂，人人可以自由办学，人人可以自由求学，自由思想的力量成为中华民族伟大复兴的教育基础和显著标志。

（作者单位系浙江大学）

体制在哪里

□ 蔡兴蓉

有一天，我问自己一个问题，结果自己将自己吓了一跳，这就是：在《皇帝的新装》中，当那小孩子最后喊出"可是他什么都没有穿啊"的时候，皇帝为什么还在心里说"我必须把这游行大典举行完毕"？

我的答案是：皇帝也是体制的一部分。

奥威尔有句名言："全部的关键是要承认一加一等于二。"这是强调前提的重要——前提错了，什么稀奇古怪的结论都推得出来。体制也有个前提问题。皇帝光屁股游行，前提是"看得见'衣服'的人是聪明人，看不见'衣服'的人是愚蠢人"，我们的教育视教育规律为草芥，前提是"分数高的学生是好学生，分数低的学生是差学生"，两相比较，荒谬性质庶几相近。而且就事论事，许多事情看起来是很容易改的，如皇帝把裤子穿上了事，教育按"因材施教"、"以人为本"等正确理念行事即可；但事实却远不是那么简单。错的东西一旦在最大范围内形成体制——或者也可以说利益系统——这就不容易改了！错误的前提产生错误的体制，错误的体制加固错误的前提，如此循环，绵绵无已，以致这么些年来，上面喊素质教育，希望改革自下而上；下面搞应试教育，希望改革自上而下。相互推诿的结果是，整个教育界始终一点生机、一点变化都没有。

我想说的是：每个人都是体制——你就是体制。

或曰："我正是体制的受害者呀！"但是你去问教育界各级领导，他们大概都会皱起眉头，呈痛心疾首状。这就是说，体制是一面墙，大伙都是墙上的一块砖；体制是一条河，大伙都是河里的一滴水。当一切追问、激情、呼吁都如泥牛入海，归于无形时，当现状不可思议地长久停滞在"繁荣的荒凉"和"庄严的荒谬"中时，当一批批白发教师最终带着范进式的遗憾离开讲台时，我们发现，我们每个人都是体制，而改变体制只能从自己做起——如果你此时正在吃午饭，那不妨就从下午开始行动吧。

我曾经接到一位家长的电话，她开口就问："老师，我孩子想找一个语文补习老师，您能不能不考虑分数？"接着她就带孩子来了。原来她找过好几个语文老师，这几个老师说不考虑分数就不知道怎么教了，而她只想让孩子真正热爱中国文化。还说，1995年是中国人口断层年，而孩子是2000年出生的，她相信，到孩子上大学的时候，大学应该不再是卖方市场，而是买方市场，这就是说，孩子接受素质教育已然可能。

这些话让我想到：作为解决问题的方式和手段，任何体制都是由问题而产生，按理也应该随着问题的消亡而消亡，但由于前面所说的"利益系统"，致使体制往往有极大的惯性，就像一辆手闸脚闸都失灵了的大车，真不知滑行到何时才停止。毫无疑问，应试体制在它诞生的初期，即中国科技"青黄不接"的特殊时代，确实有它无可取代的重要性，所谓"沉疴用猛药"是也；但随着社会的进步，随着"以人为本"等常识的深入人心，代表工具主义和功利主义的应试制度，怎么说也应该走到尽头了。

体制总是滞后的。

有人问我为什么先是反抗体制，后是跳出体制，我的回答是：我不想在将来的追悼会上,后人这样评价我:"此人在荒谬的教育体制下,兢兢业业地度过了漫长的一生。"这是尊严问题,也是幸福问题。

(作者系蔡兴蓉语文馆馆长)

让尊重回到地面

□ 汪兴益

我们的教育犯了大错!曾见过职业使命感促使医生拼命将一位正值青春年华的少年从"死"中往"活"里拽,可最终还是无法抵挡这位少年生命的终结!也领教过教育的"仁心仁术"如何认真地将孩子天使般的纯真剥离,又如何分秒必争地强化"死"的知识,却在弱化着"鲜活"的生命!这一切都让我们深思:一所学校自上而下怎样做才能真正尊重学生。

无奈于人们每一次对心目中理想教育的潜心思考都一轮又一轮、一年又一年回到原点,结果不了了之,一切成了虚拟,成了奢望!

然而,还是有一份欣喜:倘若将每一次所思考的原点连接起来,就会发现心中的理想并非是永远停留在 x 轴上的直线,而是一条隐隐让人充满希望的 x 轴与 y 轴之间的射线。既然看到了希望,何不趁着星光赶紧将各自心中理想的教育寻探一番?

理想的教育不仅仅指单一化理想的学校教育,还有理想的社会教育和理想的家庭教育。我们必须重视学校、家庭、社会的"三位一体"教育,才能充分挖掘到教育的"病灶"。感叹于多年的教育现状:不出事便罢,一出事都不知道该去何处找原因。学校将责任推给家长,还振振有词:"家庭教育缺失,学校教育等于零。"家长当然反驳:"我花钱将孩子交给你，就是由你们来教育的！"社会也不甘示弱："我就是一收容所。看看这些孩子上学不是上傻了，就是心理有问题。学校怎么教育的？"学校内部更是矛盾重重——中学教育责怪小学教育："小学抓不好，地基打不好，我们如何教得好？"小学教育数落幼儿教育："小学课程建立在幼儿园启蒙基础之上，现在的幼儿园不知道启蒙了孩子什么？"就这样，谁是孩子的根基教育者？谁应承担"一株株病梅"的教育后果？似乎是一团乱麻，总也找不到头绪。

谈到学校教育，"尊重每一位孩子，让爱的教育回归常态"恐怕是目前再时尚不过的冠冕堂皇的术语。教育专家谈，校长谈，教师谈，家长谈，就连当事人也不分年龄、不分年级地在喊："请尊重我们！"然而，回望过去一年，甚至十年，我们除了绞尽脑汁地挖掘语言功底，堆砌华丽词汇为自己的教育功德埋单以外，我们似乎都在空喊……

真正意义上的尊重学生，就必须从课堂做起。都知道课堂教学一半是技术，一半是艺术，那么两个一半的整体是什么？当然是——心术！技术可以通过领悟、磨炼、操作而达到纯熟；艺术需要激情、个性、底蕴而达到情至；而心术是最终两者合一而达到境界！

当前虽由第一种课堂引至第二种课堂，即传统教师的"一言堂"模式渐渐过渡到了半遮半露的所谓"自主合作"课堂，但也只不过是治标不治本的"止痛片"、"风油精"。让人仰望的是：未来的第三种理想课堂又在何处？

"五环课道"下的一种新型"交互课堂"、"双融课堂"已初见理想课堂的端倪，归纳一下，主要有 10 个方面的性能和功效：

课道实施的"刚性"：一方面，"刚"体现在学校高层对教师所守望的信仰有着坚定不移的守护。正所谓："你们做自己想做的，没关系，一切由我们顶着。"另一方面，"刚"性突出的是校长们尊重客观教育自然规律，坚定学校品牌高端理念的义无反顾的决心和意志。

课程改制的"弹性":教师拥有教材的主动权和选择权。尊重学生的情趣指向合理合情安排课程设置和内容,从知识的内部呼唤出真实存在的丰富多彩的生命情趣。

课控调配的"磁性":校级课控犹如中心磁场,所产生的磁感应和磁辐射使得一切"万变不离其宗"不再是神话。

课型设置的"黏性":"黏"主要体现在课型与课型之间的衔接吻合度,各种课型的风格吸引度。"黏"性越强,学生的情趣和期盼就越大,满足感就越强。

教研成果的"实性":教师课堂上的隐身,学生的全程亮相由学科教研成果的"实"性作为保障。学道编程越夯实,教学效果就越充实。

教师位置的"隐性":在"交互课堂"上,你连退在墙角边的老师也见不到了,却能见到一个教师团队围坐在一起真正扮演学生的角色。虽"隐"却"显"的是尊重知识建构、逆向思维的全盘设计和方案,课前打造完全由精英教师团队主控。

学生操作的"个性":课堂彰显的是尊重知识传递和获取的真正途径和方式。学生全盘代替教师,课堂完全由学生主宰,学生组织教学的一系列活动。他们在自己的地盘上乐、说、唱、写,不与"精英"较劲,不卑不亢,无不体现了课堂生命的价值尊严。

思维方式的"逆性":依据人生理上最基本的"饥渴感"来诱知心理上的"需求感",并将这种需求作为学生学习、思维、行为方式的基本目标和动机。

评价机制的"感性":感性认知是人精神世界的主要依附。在"生与生"情感碰撞的对话中,除了掌声和星级评定以外,还有拥抱、笑容、目光等都是对过程某一细节、某一环节做出温暖、激励他人的评价,正所谓:"以情激趣,以趣诱知;知情合一,真情共融。"

团队合作的"共性":"共"就是对"心往一处想,力往一处使"的最佳诠释，即有着共同目标和理想的团队组合，分享着共同的资源和智慧。彼此尊重，彼此互惠，共创未来。

我们必须寻求理想的家庭教育和理想的社会教育作为理想学校教育的坚强辅助。理想的家庭教育表现在：除了将孩子的人格健全、人性尊严放在首位，努力让孩子轻松、自由、愉快地成长，还有责任和义务全身心地配合学校实施全方位的英才教育。

理想的社会教育是一个让人困扰的千千结。也许"四不要"能从另一方面折射出人们对此的基本要求：不要遮挡阳光，让阳光洒进来；不要雕饰自然，让自然真实起来；不要追逐名利，让人生享受淡定和从容；不要强人所难，让孩子充满自信和骄傲。

然而，践行这一切理想教育的前提是：我们虽是教育工作者，但不是在做教育，而是在做自己的人生；我们不是以经营教育为谋生手段，而是忠诚师道来实践自己的教育梦想；我们不是拿教育来为自己的职业贴金，而是挺直脊梁有骨气地承启一种生命的尊严！

（作者单位系安徽省铜陵市铜都双语学校）

教育是否可以这样办

□姚景海

教育是否可以更开放些?

是不是所有的学校都需要统一的"婆婆"?能不能呼唤社会资本真正投资教育,支持教育?中国改革开放几十年,在经济领域取得了巨大成就,这个成就主要来自于"放",来自于民间的活力,来自于市场的力量。为什么教育不能如此?中国教育目前的问题就在于管得过多,管得不当。如果能彻底改变这种办教育、管教育的方式,我们的教育可能会发生更深刻的变化。

能否通过教育券制度来保障办学自主权和教育选择权?

现在的教育问题,很大一部分在于管理不得法,各级学校办学缺乏自主权。能否通过全面实行教育券的方式,把教育选择权真正还给老百姓,把办学自主权真正给学校,从而改变中国教育?通过教育券制度,让学校真正面向市场、面向百姓,不断完善提高,通过教育券制度,让老百姓享受真正公平的教育。教育券制度,是把教育经费直接以教育券的形式发给适龄受教育者,不再向各级学校投资,让市场调控教育,让老百姓自主选择教育,让各类教育机构在竞争中优胜劣汰。现在这种学校拿政府钱,不直接、不真心对老百姓负责的形式,是教育诸多弊端的关键原因所在,需要彻底改变。

办教育、管教育、评教育是否可以三权分离？

办教育、管教育、评教育这几项权力集中于一家，难以达到真正的开放和活力，容易故步自封，积弊难改。出于自身利益的考虑，一些腐朽、错误的做法都被藏着掖着，难以改变。三权分离，可以促进教育真正的革新和发展。比如将考试权下放给一些专门的考试机构，让他们研究制定更合理的、更符合素质教育要求的考试项目，再让市场选择出优秀的考试机构担任国家教育考试的任务，也许会对教育的进步起到有效的导向作用。

教育是否应该追求多元化？

教育还面临一个问题：太过单一。全国中小学生所学学科、学习形式、考试方式，都相差无几。首先，这些学科设置是否合理，学习形式是否恰当，考试方式是否合适，需要我们去进一步考证。其次，即使目前这样做法是好的，也太过单一，不利于多样化人才的培养，不利于新教育形式的涌现。

如果进行更广泛的实践和探索，允许教育形式多样化，就会有更多的比较，既利于培养多样的人才，也利于发现和推广更科学、更合理的教育形式。教育主管部门在加强监管的同时，让教育百花齐放，百家争鸣。

比如，是否能够提倡更多的私学和"在家教育"？绝大多数父母对孩子能真正地负责，如果我们鼓励有素质的教育家自己办学，鼓励有教育追求的父母在家教育孩子，国家给予更多的支持和帮助，就会给我国教育注入一股强劲的活力。美国教育如此发达，但现在有约3%左右的家庭选择在家自己教育孩子，这本身很能说明家庭学校的优势。我们国家也应给予这些新型教育形式存在的空间，进行适当的支持、监管和认可。事实证明，在家教育孩子其总体质量并不亚于学校教育。在我国也有这样的例子，其中也不乏成功者。对私学和"在家教育"，政府应给予支持和肯定，加强监管，而不是像现在这样将其放在"灰色地带"，不闻，不问，不管。

能否完善教师竞争和退出机制？

重视教师队伍建设，也是办好教育的关键。现在我们更多地关注教师的待遇，这很好，但对教师队伍整体水平的提高，关注远远不够。提高教师自身素质和工作水平的关键，是要建立教师的竞争机制，完善教师退出机制。建立对教师科学、严格的考评体系，引入竞争，对不合格教师要敢于淘汰，形成一个有生命的活水体系。只有这样，才能逐步建立起一支能够践行先进教育理念的教师队伍，从根本上实施现代化的教育。

（作者单位系新东方扬州外国语学校）

教育浮躁现象观

□王国平

社会转型期的一种必然现象就是浮躁，包括各行各业、各种形式的浮躁问题。但教育却是最不应该浮躁的行业，因为教育对于受教育的学生而言，有着不可逆的特点。所以，纵观教育问题，我们必须警醒，拒绝浮躁。然而，当下的教育却出现了种种浮躁现象，举例如下。

一、补习

林林总总的包括语数英在内的各种课外补习学校随处可见，几乎与常规学校的数量半分江山。那么，这是因为常规学校的教学任务没有完成吗？还是因为学校老师没有校外老师更给力？抑或是家长在追逐应试中的从众心理发生作用？

面对这些问题，我们颇为不解。

或许，在"一对一"辅导学校出现后，我们针对如今大班额教学的问题还可释义一二。因为在大班额下，任你是名师也难"因材施教"，也无法"个性辅导"。于是，还是原来的老师，走进了"教育VIP"小房间。问题是，真的有那么多的学生需要课外补习吗？或许是家长的焦急，或许是社会的浮躁。

二、超级学校

如今,不仅"大学之大"不在大师而在规模,而且,一些市县高中名校走向市场之后,因为社会择优的效应,制造了许多超级学校。这些学校俨然是"超级大国",动辄几千人甚至有过万的规模。可以想象的是,如此"庞然大物"怎样管理?学校不像工厂,不能以简单的程序管理,不是用模板制造标准件,而是面对着变化成长中不同的学生。所以,各项工作的细致性、创新性决定着学校教育教学的质量。再看看西方教育发达的国家,人过一千的学校是很少见的,因为这是办学校。为何又会涌出这么多的超级学校呢?坦白说,学生多了,学校收取的择校费就多,效益就高。这便是经济利益的驱动效应,也是学校走在市场中的浮躁行为。

三、买学生

"买学生"是让教育笑不起来的笑话,但却正在进行中。以前是一些民办学校在玩市场游戏,现在公办学校也悄然兴起了"买学生"的风潮。什么是"买学生"呢?就是为了自己学校在高考或中考中能出现一些高分学生,不择手段地去外校"挖墙脚",花钱把人家培养的尖子生弄到自己学校报考,取得成绩归为己有,这叫"给石佛贴金"。一些学校在招收中考尖子生时,除了学费全免之外,还给学生按月发放一定的"工资"。这已经不仅仅是浮躁,而是一种教育之恶。

四、奥数

奥数"被工具"了。

奥数,原本是在高中阶段组织的一种数学竞赛,现在被"小升初"所利用。缘由是在"小升初"划片就学的制度下,初中学校要遴选尖子生,于是,变通政策,用所谓的奥数考试来做"敲门砖",跨出"划片"录取其他优秀学生。在这样的诱因下,奥数流行也就不难理解。但奥数并非基础数学,奥数题既难又怪,学奥数必然让学生很烦,很躁。

五、抢跑

这是幼儿园做的事，是指在幼儿园就提前讲了小学一年级的课，并美其名曰"赢在起跑线"。其危害至少有两点，一是"超前学习"制造了"超前厌学"，使一些幼儿对读小学产生恐惧感；二是进入小学便成了"复读生"，因为缺乏自控，学生养成不听课的坏习惯。至今，这样的幼儿园以及这样的所谓超前教育依然存在，尤其是在一些农村或"城中村"幼儿园，情况比较突出。当然，认同这种做法的家长也大有人在，谁不想让自己孩子进小学就抢个风头，让孩子感受成功，让家长脸面有光？但浮躁于此的幼儿园却不应该，因为幼儿园应该懂教育。

六、倍增

"倍增"是一个新名词，是在发展优质教育，促进教育均衡名义下的产物。具体说是一种地方性教育策略，出发点是"强弱联手"，是名校资源共享。但在实际中并非如此，更多的是走走形式，是把名校牌子挂在弱校大门的故事，是让老百姓看不懂"真假猴王"的故事。再说白了，即便是真的有实际内容，那也是"勾兑"，让"老酒"度数降低，让"低度酒"升值，不可能在一夜之间就能让名校翻着筋斗"倍增"。所以，"倍增"或许不是"神话"，但一定是在政绩作用下的浮躁。

（作者单位系北大附中河南分校外国语小学）

善待生灵

□ 郑　杰

　　浙江省宁波市骆驼中学坐落在镇海区的一个普通的乡镇里,最近这所初中面临着前所未有的压力,因为镇海区政府即将搬迁到他们学校边上,而骆驼中学目前的办学水平和声誉都似乎与之不相称。这样的焦虑,对每一所由农村转向城市的学校而言都是一种折磨。校长和领导班子成员既兴奋又担忧,兴奋的是随着行政中心的进入,学校硬件设施一定会得到较大幅度的改善,学校至少在外观上可以焕然一新了,可是内部呢?这实在不好说。

　　与其他招收农民工子弟的学校一样,骆驼中学最焦虑的他们那些"不争气"的学生,因为学校原本属于城乡接合部,学生中外来人口占的比例很大,这些孩子的家长忙着干活做生意,不如城区的家长那么关注孩子的学习。伤脑筋的是,学生行为不太规范,文明和礼貌都不过关。

　　于是,这段时间以来,学校花了大力气整肃校风,狠下心来抓行为规范,力图尽快改变面貌。

　　骆驼中学的老师们最不满的是那些不负责任的家长,他们非常认同日本教育家福泽谕吉说的话:"家庭是习惯的学校,父母是习惯的老师。"他们完全有理由抱怨那些光生下孩子却不懂如何教养他们的家长们。

　　可是,"大敌当前",光抱怨是没有用的,得想办法解决。于是,严格训练、反复强化是必不可少的法门。然而如此却收效甚微，究其原因，主要是因为在初中时期才开始纠正行为，似乎已经错过了关键期。研究发现，孩子习惯的养成有一个关键期，幼儿园和小学是培养生活习惯与学习习惯的关键期，而到了中学，基本就无能为力，只好望洋兴叹了。

教育局对骆驼中学期望颇高，也许纠正学生的行为习惯还只是底线，更多的人，包括学校内部成员都强烈地希望学校能在中考中打翻身仗，而且必须在学生的学业成绩方面有明显的改观。可实现这一目标的最大障碍依然是学生的习惯，骆驼中学的教师几乎看不到学生学习行为习惯得到改变的些许希望。

一些习惯对学习显然是重要的，比如对时间支配的习惯，也就是所谓筹划时间的习惯，在教师的眼中，那些孩子成天如同梦游一般，无所事事，虚掷光阴；再比如一坐下来就能迅速排除干扰、置身心于学习活动中的习惯，这些孩子显然并不具备，他们总是不能集中注意力，总是坐立不安、手忙脚乱。

我深切地感受到了骆驼中学老师们所承受的压力，甚至非常同情他们的境遇，表面上看似乎命运对他们很是不公，所有人的眼睛都瞪大了看着我，希望我这个专家能给出答案。可是我只能让他们失望了，因为我这里没有答案。可是，我却自认为自己活得很好，我在过着一种灵性和自然的生活，并且如果我目前算是成功的话，恰恰有赖于此。

我给骆驼中学的老师们讲了明朝万历皇帝的故事，当年名相张居正任他的老师，精心打造他，想把他塑造成一代明君，小万历很争气也很懂事，行为习惯非常之好，令所有人惊叹和佩服，终于万历长大成人，可以亲政了。可是，我们都知道他最终是一个荒淫的皇帝，在18岁之前，他每天一大早坐在龙椅上早朝，可后来的40多年中他却再不上朝，成为历史上不理朝政时间最久的皇帝。如果张居正有灵，九泉之下一定不能安眠。

万历皇帝拥有世界上水平最高的教师,在宫廷里受到良好的教育,行为习惯不可谓不良好,可是,为什么他变坏了呢?

其实他本来就没有好过,根本谈不上什么变坏,他的那些所谓的好习惯本来就不能被称为习惯。

当我们试图运用外部强制力量来建立或者纠正某种行为,到头来都只会收获失望,外部力量越大,越是失望。

何不好好欣赏农民工子弟们的活泼和单纯?何不保全他们比城市学生更为自然的人性?

我们为什么如此苛刻地对待生灵,发誓要将他们重新装进襁褓里?

那是因为我们的自私,我们要他们守着由我们制定的严苛的纪律,不是为他们,而是为我们自己;我们要他们的学习行为养成我们指定的习惯,也不是为着他们,也还是为着我们。

(作者系教育咨询师)

学校也需要营销

□ 包春华

营销,是一种创意、一种策略,也是一种文化。今天,营销这一概念早已超越了商业的范畴,渗透到了各个领域:在我们生活的周围,从产品营销到理念营销再到文化营销,从公司营销到城市营销再到国家营销,营销无处不在。那么,一所学校如何像一个企业、一个城市那样营销她的品牌、营销她的文化?

美国纽约国际银行在刚开张之时,为迅速打开知名度,想出了一个出奇制胜的广告策略。

一天晚上,全纽约的广播电台正在播放节目,突然间,全市所有广播都在同一时刻向听众播放同一则通告:听众朋友,从现在开始播放的是由本市国际银行向您提供的沉默时间。紧接着,整个纽约市的电台就同时中断了10秒钟,不播放任何节目。一时间,纽约市民对这个莫名其妙的10秒钟"沉默时间"议论纷纷,于是"沉默时间"成了全纽约市民茶余饭后最热门的话题,国际银行的知名度也迅速提高。

国际银行的广告策略巧妙之处在于,它一反常态的广告手法,没有在广告中播放任何信息,而以整个纽约市电台在同一时刻的10秒钟"沉默时间"引起市民的好奇心,从而不自觉地去探究根底,使国际银行的名字"不告而人人皆知",达到了出奇制胜的效果。

美国纽约国际银行怪异的广告给学校品牌经营以很好的启示。目前，在管理方式上，现代学校正经历着一个从学校管理到学校经营、再到品牌经营的过程。当办学条件趋于同质化的时候，人们已很难从学校的外在特征、物理属性上去区分其优劣，去做出选择。从某种意义上说，学校品牌形象的差异正在取代传统意义上的学校差异。因此，学校的品牌形象宣传显得越来越重要。然而，一些学校的品牌形象宣传却为此陷入了误区：

一是思想僵化。有些学校还存在着"酒香不怕巷子深"的传统管理思想，更注重抓教学质量和学生管理，信奉"沉默是金"，对于品牌形象宣传不够重视，或是认为没有必要，使自己"藏在深闺无人知"。对于品牌形象宣传动作较大的学校看不惯，当成是另类，认为不是在办学，而是在作秀。

二是内容烦琐。有些学校为了显示其内涵，在宣传时"如数家珍"、"哗众取宠"，忽视了公众与专业教育工作者的区别。由于公众没有足够的知识和耐心来推敲广告，面对学校的品牌形象宣传，许多公众是"丈二和尚摸不着头脑"。

三是名不副实。有些学校以为品牌形象宣传就是"吹牛"，"三分做，七分说"。质量是品牌的基础，为此，大家都在"质量第一"上做文章，由于"质量第一"的标语牌每个学校都有几套，到处悬挂，于是公众看见"质量第一"就犯糊涂。因为受学校质量、服务等因素的制约，这样的学校当然也不可能塑造出有较高美誉度的品牌形象。

四是落入俗套。有些学校宣传过程中墨守成规，落入俗套。停留在招生时"挂横幅、发传单、做电视"上，千校一面，品牌形象宣传从时间、内容、形式都陈旧无味。这样就降低了学校品牌形象宣传对公众的视觉冲击力，降低了学校品牌形象宣传的效果。

其实，学校的品牌形象宣传陷入误区的根本原因，就是校长对学校的品牌形象定位不清和对目标消费者的生活形态及媒体接触习惯了解不够。所谓"谋事先谋人",校长应该进行必要的教育市场研究,以准确的组合形式,通过传播媒体及工具将品牌的定位传达给消费者。为此,学校的品牌形象宣传在传播策略上,有三个规律值得借鉴:

一是"波浪原则"。经验表明,人们在海里游泳时,碰到一个浪不足为惧,怕的是一浪未平一波又起。"波浪原则"就是提醒学校在品牌形象宣传的轮次上要注意时间间隔,既要坚信每一个传播轮次都会有一个影响周期(通常为3~6个月),又要清楚让消费者恢复记忆的成本可能比创新宣传的更高,倘若能形成"一波未平又起一波"的态势,自然会使各个事件产生的学校品牌影响形成叠加的效果。所以,在做学校品牌形象宣传时,不能只等到每年6月招生时,才想到去宣传。平时学校的宣传就要一浪接一浪,形成不断累积的效果,并且要像浪花那样大小、缓急有序。在这方面,翔宇教育集团有个成功的范例,即在成立之初,接二连三爆出新闻:"翔宇教育集团不忍看中国男排'无米下锅',出资600万元买断男排两年球衣广告和部分经营权,中国男排将身穿印有'宝应中学'字样的球衣转战南北……","翔宇教育集团拟出资300万对陷入低谷的博里农民画进行抢救性发掘……","翔宇教师吃定心丸,全省首份规范性学校集团合同诞生……",从而让翔宇教育集团日益得到了人们的关注。

二是"马太效应"。《圣经·马太福音》中说:"凡有的,还要给他,叫他多余;没有的,连他所有的,也夺过来。"这就是"马太效应"的原意。同样,在信息传播中也存在着这种"马太效应",社会的运行实际就是主流与非主流的较量,人们都是在主流媒体、主流态度,主流价值观的影响下生活。所以,学校品牌传播的内容首先要推广到主流地位。在这方面,势单力薄的杭州和睦小学给我们提供了成功的范例。杭州和睦小学的"选美",是改变传统教育模式的一种尝试,让孩子从小树立正确的审美观念，丰富他们的学习生活，况且，"选美"本来也是学校传统"欢乐节"的一项活动。然而杭州和睦小学校长却有目的地像纽约国际银行在刚开张之时那样，让学校的"选美"事件通过媒体成为"市民茶余饭后最热门的话题"，进而实现了杭州和睦小学"不告而人人皆知"的目标。

三是"充电池原理"。是指做学校的品牌形象宣传时一定做好第一次，否则会像第一次未充满的电池一样，下一次想充满就很难了。纽约国际银行广告策略的目标就在于此。在这方面，山东昌乐二中的做法值得我们学习。2003年，济南的一家公司对昌乐二中投资3000万元入股，对学校进行改制，昌乐二中成为公办民助的学校，而投资公司的老板随即以企业家的眼光看到学校需要在营销方面多做一些文章。因此，他们组织在当地媒体投放了大量广告，并进行多渠道的宣传，包括开展学生家长见面会等活动。同时，学校还参加了济南的房展会，在房展会上进行招生和品牌宣传，这些看似毫无关联的宣传却取得了意想不到的效果。

今天是一个营销时代，没有营销头脑很难塑造一个真正的教育品牌。由于一些学校的品牌形象宣传传播期限短，方式单一，层次低，很难形成整体性的感受，消费者接收到的只是凌乱的信息，不会形成较深的印象，所以要改变只在招生期间进行推广宣传的方式，从长远的眼光办学，将品牌的传播作为生存的根本，遵循教育规律，运用策划理论，讲究市场运作，通过车体广告、报刊广告、电视专题片、事件行销等综合手段，使品牌形象潜移默化地深入自己目标群体的视野。

（作者单位系江苏省南通市金沙中学）

用制度丈量人治与文化

□ 张建平

到了55岁以后,我一直在思考这样一个问题:如何用法治而非人治的方法,完成求实中学管理上一个质的飞跃,使求实运行在有效系统的轨道上,而不至于出轨。

一位企业老总接受媒体采访时说:"如果企业因为你的退出而退出,那么这个企业的领导者是不称职的。所谓的领导才能只是一种表象。如果因为你的退出而进取,那么说明你们企业的制度是有效的,有效制度保证了文化的渗透,保证了企业的发展。"这段话让我想起了河南开封曾经有一所热点民办学校,董事长不幸死于车祸,学校就此一蹶不振。全国这样的案例不少。学校的生命完全维系在一个人身上,"光荣着他的光荣,死亡着他的死亡",这是办学者的一种悲哀。

其实,制度制定很容易,但是制度的运行很复杂。求实中学的制度每年都在增加,每年都在调整。我们今天需要注意的问题是,我们怎么去维护制度的运行,特别是有效运行。制度建立了,不执行或者不好好执行,等于没有制度。甚至还不如没有制度——因为,当制定了制度,那些优秀的、遵守纪律的人按制度办事,而一些不自觉的人违反制度,损人利己、损公利己,受伤害的反而是大家。

更何况,当我们制定了制度而又把它束之高阁的时候,校长管理的尊严也随之消失——那就连人治也没有了。校长就像一个站在大街上胡乱吆喝的人，路人把你当作傻子看待，但没有人会理会你吆喝些什么。

让管理制度化，不仅要制定制度，更重要的是让制度切实起作用，真正让所有人、所有事都有章可循，让所有不良行为都令行禁止。

管理大致有三个层次。最低层次是家族式管理。家长式的领导可以随心所欲地决定策略，可以肆意篡改、扭曲已定的方针政策。也就是我们所说的"人治"。许多家族企业短命的原因就是因为没有科学严谨的制度，一个人说了算，就是专制。专制必然是短命的。

管理的第二层次是制度管理。制度管理看似很严酷，其实更科学、公平。所以，制度执行好的企业能平稳发展。这就是我们所说的"法治"。

管理的最高层次是在文化熏陶下，每个人遵循内心的道德约束，每个人都按照既定的价值观去行动，每个人都坚守道德底线。在"君子慎其独"的谦和之中，实现"无为而治"的理想主义管理方式。

我感到，求实中学现在还没有真正形成一套完整、科学的好制度。在我看来，完整的制度应该由四个组成部分：

一是过硬的制度文本。所有制度的文字材料必须表述清晰、准确、简洁、切实可行，是经过自上而下、自下而上的反复论证形成，不是几位领导闭门造车，几天甚至几个小时匆忙草就的断简残篇。它的功能应该是让大多数人感到安全、舒服、有章可循，切实从根本上约束极小概率下可能发生的不良行为。

二是权威的监察机制。我们制定了这个制度不能只给规范、标准，还要设定一个具有权威性的监察机制和监察的标准。相当于给你一个手机，但是，还得给你卡，这样手机才能使用。大家在讨论中一定要设定可行性检查机制。所谓可行性，就是程序科学、简单，合理、高效。

三是科学反馈机制。反馈机制相当于信号对接。我们手里有手机、手机卡，但是，要开通还需要电信局给予信号。我们监察的目的是为了把信息反馈到每个学生、每个班级，每个班主任，每个备课组，每个办公室。只检查，不反馈，等于不检查，等于没有制度。

四是公平公正的评价机制。每次反馈后对每个班级、每个人公正的评价是制度的最后一个环节，是完美的句号。当错误行为得到纠正，正确行为得到表扬的时候，学生才能形成正确的价值观，班级才能形成良好的风气。评价就是一把尺子，丈量着真理和谬误之间的距离，它张扬真理，抑制谬误，使我们的管理永远沿着正确轨道前进。

（作者单位系河南省开封市求实中学）

让教育自由呼吸

□范庚祥

1997年是我人生旅途中的一块界碑,标志着我公办学校校长生涯的结束和民办学校生涯的开端。尽管当时的我已52岁,在教育战线已奋斗了30个春秋,但对未来依然充满着新鲜感,怀有一种强烈的责任心。从吃"官饭"到走进"教育市场",到成功创办河北省新乐市第一所民办小学——孝德小学……学校该如何办,这一直是我在不断思考的问题。

思考一:做正确的教育

我办的是小学,它是基础教育的基础,是基础教育中可塑性最强的时期,这个阶段的教育往往影响着受教育者的一生。所以,教孩子如何做人,做一个什么样的人,应是小学教育工作者从事一切活动的出发点和归宿。我们决不能只教书不育人,而是要为灿烂的生命奠基,为孩子们幸福的人生铺路,这就是孝德小学的立校之根本。

思考二:为生存而发展

民办教育是市场经济的产物,依靠市场生存,依托生源发展,民办教育要在求生存中谋发展,壮大自己的能力,更好地履行社会责任。民办学校生存靠的是社会力量,就要遵循"以生养师"、"以生养校"的市场原则。民办学校的办学之路,就是让学生进得来,留得住,学生好,家长满意。因此，对于民办学校来说，精打细算提高效益，杜绝财务风险是前提；脚踏实地抓管理，提高管理水平是保障；追求一流打造品牌，严把质量是关键。要正确处理质量和数量的关系，坚持不盲目扩张，坚持做大、做优与做强的统一，正确处理经济效益和社会效益的关系，始终把社会效益放在第一位；不断追求家长满意、社会满意的目标，努力创造支撑学校可持续发展的条件，全力打造具有独创性、稳定性、持续性的优质品牌，突出特色，提高知名度。

思考三：忌急功近利

民办学校在办学过程中会遇到很多问题，有的学校曾经一度辉煌，却在一夜之间"灰飞烟灭"，有的学校勉强生存下来，却举步维艰，入不敷出，冷冷清清。孝德小学从小到大，由起步时的600名学生发展到今天的近3000名学生，根本的原因就是学校"只为育人，不为盈利"的办学理念得到了家长的认可，得到了社会的认同，于是有了生存之根，有了立校之本。民办学校要走向市场，老百姓认可与否无疑成了学校成败的关键。事实证明，民办学校急功近利，只重经济利益，忽视社会效益，把学生当作赚钱的机器，不投入，轻育人，教育质量不佳，学校必然倒闭。

思考四：拒绝形式主义

我不止一次地告诉老师们，要始终坚持实事求是的办学原则，不好大，不喜功，不逐利，不跟风，不赶潮。实事求是，就是不搞形式主义。形式主义往往是应付上级检查而做的一些表面文章，以便赢得领导的认可和表扬。形式主义害人又害己，是育人之大忌。无论上级检查与否，只要有助于学校发展的事情，我们都尽力认真去做好。脚踏实地走到今天，没有激动人心的大事，更没有什么大的轰动效应，就是按部就班地走过来，胜也不骄，宠也不惊，败也不馁，不为外界的喧嚣乱了心思，一直沿着正确的办学方向前进，不求超速发展，却持续前进。

思考五：直击课堂难题

40年的教育工作经历告诉我，只有当学校有了自主发展的空间，学生才能够自由呼吸。要想培养具有独立人格的学生，首先要从塑造具有独立精神的学校开始。孝德小学有招生自主权、人事聘任权、经费分配权，挣脱了国办学校身上的种种枷锁，自我松了绑，这就是孝德小学追求的目标——学校的自由呼吸。

有了学校的自由呼吸，还应让学生们在课堂里、在教室里真实地自由地呼吸，让师生共同演绎生命与成长的精彩。因此，关注课堂教学，改变学生的课堂生存状态，改变教师教学的方式和方法，是我们始终不渝推进的工作重点。我与副校长、教导主任经常深入到课堂上听课、评课，既研究问题，也总结经验，推进课堂教学改革。很多人不解，理事长应是管大事、管方向的，怎么管起了课堂这些芝麻小事。我始终认为，校长也好，理事长也好，如果不关注每天发生在课堂里的事情，不关心孩子们最基本的生存状态，那就是本末倒置。我始终相信，每一门学科都可以找到孩子们喜欢的学习方法，每一个课堂都可以创造出精彩。其实教育并不神秘，当孩子们在每一个课堂里都能够自由呼吸，教育也就成功了。

（作者单位系河北省新乐市孝德小学）

第叁辑 坚守者的梦想

民办教育所走的并不是一条阳光坦途，而是一条羊肠小道。然而，野生的动物，不是更具生命力吗？"前途无望"是否意味"前途无量"呢？在"危"之中，是否孕育着更大的"机"呢？正因为民办教育所走的不是阳光大道，许多人不愿意进入，已经进入的却不愿意坚守，所以民办教育缺少好汉，这样却便宜了我这样的后生，如今竟然在教育的"梁山"之上混上一把交椅。

为自己的理想打工

□ 褚清源

  在教育领域，大概不会有哪个群体身上会存在这么多悖论：工作相同，却身份尴尬；地位平等，却被歧视；总结成果时被关注，给予荣誉时却被遗忘……

  他们就像生长在花园之外的野百合，虽然无人问津，但他们坚信，野百合也有春天。他们有一个共同的名字：民办教育人。同样心怀梦想，从事着相同的教书育人的工作，他们身上却承载着太多的"无奈、伤痛和委屈"。这不是我们今天要关注的主题，更不想去撩拨他们的伤痛。我们要关注的是，这个群体中那些为理想而选择、为尊严而发展、为价值而探路的人。尽管民办教育的发展尚不能与公办教育同日而语，但是，无论是过去还是现在，总是有人会前赴后继地选择民办教育，总会有人去选择，去坚守，去点亮生活在民办学校里孩子的天空。

教育者的尊严

  我对民办教育的未来充满信心，我对从事民办教育的办学者和从业者心怀崇敬。这不仅源于多年来对民办教育的跟踪报道所产生的感情，更来自一些具体的现象和细节。这里至少可以呈现两个场景：一是每次参加以民办学校校长或教师为参会对象的会议，参会者的学习热情总是让人感动。有一个细节，会场的秩序通常很好，即便是到最后会议要结束的时候，也少有人随意走动或擅自离开。这样的细节我观察了很多次，我想这绝不是偶然的，这可能源于民办学校是花自己的钱为自己学习，可能更珍惜这样的机会。二是近年来民办学校的课改涌现出了丰富的创新成果。我曾经在《民办学校从跟跑走向领跑》一文中分析了民办学校在课改中的领跑现象，我想这同样也绝非偶然，因为民办学校是为生存而课改，而非按照上级领导的指示课改，他们敢于在课改实践中自主发现问题，解决问题，而不会为了作秀、作假去掩盖问题，因此，容易产生新的成果也就顺理成章了。但是，即便是这样，把这些选择课改的民办学校置在民办教育发展的整体背景下考量，彰显的是一种突围的姿态。因为与公办教育相比，民办教育始终处于弱势地位。

对于民办教育而言，发展才是最大的尊严。当你还停留在挖名师、抢生源的层面时，注定会为同行和社会所不齿，这种"以挖抗挖"的发展方式也注定走向失败。民办学校要做有尊严的教育，要努力赢得尊严而不仅仅是捍卫尊严。

"尊严"之于民办教育人，则意味深长。当他们被有意无意边缘化时，他们需要靠实力赢得尊严。民办学校不能跪着生存，不能永远跟在公办学校的后面，成为公办学校的翻版，民办学校的教师更不能跪着教书，不能成为教材的奴隶。因此，当越来越多的民办学校和民办教育人选择了改革的时候，民办教育便彰显出了变革的张力，民办教育便开始弱中显强。而这些恰恰决定着整个民办教育行业的成长性。

当然，不管那些探路者、先行者和领跑者，贡献了多少可资借鉴的经验，不管经验本身在未来能有多大生命力，他们的实践都是值得尊敬的，尤其是那些改革背后的人——每一位有思想的行动力的生动的人物。

理想者的坚守

20世纪90年代，教育领域曾出现了"孔雀民办飞"的现象。公办学校里不少有实力、有想法的、不甘寂寞的人纷纷南下投身民办教育。在那里他们可以拿到高过公办学校几倍的工资待遇，他们可以在一个全新的平台上施展拳脚。而今天，在公办学校的工资待遇逐步提高的背景下，似乎很少人愿意选择一辈子在民办学校工作，因为，那注定将是一种没有保障，缺乏安全感的生活。

王钢则是个例外，2012年7月，在公办学校工作了13年的他，已经成为省内小有名气的名师，如今却自己砸了自己的"铁饭碗"，加盟到民办学校。这一次的选择，他赢在了理想，他想有一个自己独立的教育家园，他想为自己的理想打工。其实，无论在公办学校还是在民办学校，职业的终极归宿都指向幸福。公办教育正像是一个围城，里面的人想走出来，而外面的人又想走进去。无论是进去还是逃离，都基于工作、生活得更好。

像他这样为理想而选择投身民办学校的老师还有很多。民办教育因此聚集了一批真正有教育理想的人。大凡理想者往往是思想者。理想让他们的前行拥有更清晰的方向感，而思想则使他们的行走更有力量。

与那些依然坚守在民办学校的精英们相比，第一代民办教育创业者的选择更让人仰视。他们身上不仅要有理想者的情怀，更要有创业者的品质。开封求实中学校长张建平，曾经是一位荣获过全国劳模的优秀教师，当年选择办学的想法很朴素，就是为自己的女儿，但是无心插柳柳成荫，为女儿办的一所学校却成就了一个开封教育的品牌。

就像每一个时代都有自己的教育符号一样，这个时代同样会有一些值得记录和留存的历史，有一些值得铭记的怀揣着梦想行走的人们。行走在民办教育的那些精英们无疑值得为他们写下浓重的一笔。

改革者的胆商

民办教育有两个背景值得关注：其一，民办学校一直处于补充地位，招收的是公办学校剩下的生源，被称为差生的收容站。他们不得不疲于应付各类考试，沦为应试教育背景下公办学校的附庸。那么，民办学校如何摆脱缺乏特立独行的个性，如何从随波逐流走向引导潮流，需要有胆有识的改革者来破局。

其二，20世纪80年代，民办教育出现的最初形态，就是弥补国家教育供给的严重不足。今天，民办教育的发展需要新的形态，要满足民众多元的、选择性的教育需求。因此，今天民办教育的补充作用不是"补缺"而是"补优"。民办学校能否真正起到"补优"的作用，考验着民办教育的发展智慧。

没有改革就没有出路，没有创新就没有发展。一批敢于改革的先行者已经起步，通过自己的行动唤醒更多的教育者投身改革。其实，教育领域的改革始终没有停止过，好的教育也不会像今天的考试一样有标准答案。适合孩子成长和发展的方法、策略，无疑都是好的教育。但是好的教育又往往有着相同的品质——那就是做目中有人的教育，让孩子在师生对话、生生对话中获取心灵的成长。

江苏昆山前景教育集团——一个有着7000多人的教育集团——早已摆脱了生存困境，并且创造了成功课改经验的学校，却又一次选择了改革。董事长张雷选择的改革无疑是"雷人"的。当众多学校一个老师教一个班质量都不能有效保障时，他则开始了一个老师同时上四个班课的实验，这一改革被业界专家誉为"一拖四"教学模式。这样的改革也曾招致了来自各方面的争议。而"一拖四"教学模式改革推行一年来取得了良好效果。保障一个老师同时上四个班的课的条件有四个,那就是强化一个流程,建立一个组织,提供一个适合学生自主学习、合作学习的方案,做好一个跟踪评价。在这样的课堂上,当老师无法关注到每一个学生时,就需要有一种机制和文化,确保生生互助,这种模式无疑让学生的自主学习、合作学习发挥到了极致。

我想支撑董事长张雷全力推行这一改革的,首先是他对教育理想的追求,然后是改革者的勇气和胆商。当很多学校面临可改可不改的时候,势必会选择不改。而张雷带领他的团队却义无反顾地选择了继续改革。这就是民办教育阵营里那些改革者的品质和精神。

正如教育需要减少对孩子成长的干预一样,学校只有是自由的,才能自主发展,才能不断创新。就像商界推崇乔布斯这样的商业英雄一样,民办教育领域也要呵护和尊敬这样的教育探路者。

教育改革繁荣的程度代表着教育开放的程度。我坚信,民办教育拥有不断诞生教育思想的热土,民办教育领域一定生存着伟大的教育实验,这样的实验一定在无限接近着教育的理想。

我们期待着,民办教育面朝大海,春暖花开。

(作者单位系中国教师报)

为何坚守

□ 杨 坚

> 他，29岁担任南开大学附中深圳分校常务副校长，开启了深圳南开的精彩教育之旅。
>
> 他，倾心构建了"精致教育体系"，并应邀在深圳全市介绍经验并获推广。
>
> 他，35岁时临危受命，出任深圳市云顶学校校长，创造了规模"三年翻五番"的超常规发展奇迹。
>
> 他，心无旁骛，潜心实践，近20年来，在民办基础教育领域，有着丰富的历练和独到的见解，开创了诸多"第一"，赢得了许多"唯一"。
>
> 他，是民办教育领域的新锐人物。他经常应邀到全国各地演讲，他的演讲，思想深刻，语言鲜活，既有"营养"，更有"味道"，闪烁着思想和语言的双重魅力。
>
> 他就是深圳市云顶学校校长杨坚。
>
> ——《中国教师报》2012年11月28日

平生最喜欢的歌有两首。一首是《在路上》，是鼓励创业者的，第一次听到，便强烈地喜欢上它："那一天，我不得已上路，为不安分的心，为自尊的生存，为自我的证明……"那是我教育人生的心灵写照。

另一首是《从头再来》，是写给下岗职工的，偶然间看到这首歌的MTV，便被深深地吸引："昨天，所有的荣誉，已变成遥远的回忆……心若在，梦就在。天地之间还有真爱，看成败，人生豪迈，只不过是从头再来。"这正是我职业生涯的生动描绘。

1996年的暑期，我——一个稚气未脱的毛头小伙，放弃了所谓"很有前途"的大机关职位，带上1300元的全部积蓄，向同事吹了牛皮，为自己许下诺言，在众人的不解和好友的惋惜声中，千里走单骑，踏上了南下的列车，开始了生命的远行。

15年，我人生最美好的青春年华，民办教育几乎成为我职业生涯的全部。15年来，我在非凡中成长，在艰难中前行，如今算得上一个年轻的"老革命"。岁月如歌，往事如昨，人近中年，似乎应对广东的教育寻梦之旅小结一下"段落大意"。很多的朋友问起我：人生道路千万条，为何坚守独木桥？我也千万次地问过自己：民办教育到底好在哪里？

15年前，像现在的许多年轻人一样，我手捧求职书，满怀憧憬地辗转在大街小巷——深圳这么大，有没有我的家？我曾经节衣缩食，一分钱难倒英雄汉；曾经风餐露宿，白天饿了吃供果，晚上困了与烈士同眠（夜宿烈士陵园）。到如今，我在深圳娶妻育儿，成家立业，有了安身立命的一席之地。同时还在异乡他地，莫名其妙地"浪得虚荣"：一个外来寻梦的教育民工，经常在电视台、报纸抛头露面，带着个"专家"的帽子到处讲学，一不留神成了特区最年轻的中学正职，最年轻的市政府督学；一位名不见经传的教育新兵，频频成为政府的座上宾，甚至作为特区30名先进模范人物之一进京接受中央领导的接见……革命远未成功，但已远远超出我当初的期待。因为拥有，所以坚守！

在儿时所有的志向当中，唯独没有教师这个选项。步入教师这一行，纯属阴差阳错，进入民办学校，更是当年求职艰辛中的无奈之举，典型的"误入歧途"。但15年深入其中，逐渐读懂教育的神圣与价值，也不断体会到民办教育的魅力和活力。教育关乎国家民族的未来，关乎孩子的生命成长，也关乎千万个家庭后半辈子的快乐与幸福。虽然衣带渐宽，却习惯风雨做伴，透支自己的青春和智慧，但看见一茬茬孩子在我们手上变化、进步、成长时，我感受到了人生无比幸福。作为校长，看到几所学校从无到有，从小到大，从弱到强，我体验到了人生最大的快乐。从此教育成了我的至爱，"职业校长"便是我的终生追求。因为读懂，所以坚守！

我也曾经困惑："碌碌"为何"无为"？"怀才"为何"难遇"？我也曾经失衡：与官员比权，与商人比钱，与公办教师比稳定，感觉到自己的人生十分失败。我也曾经面临选择：进机关、上公校，做讲师、搞买卖……直到今天，还有很多朋友认为我入错了行。记得是快到 30 岁的那几天，我幡然醒悟：人生已经没有退路，也没有更好的选择。既然错过了太阳，就再也不能放过星星了！虽然躺在床上有过千百个梦想，但天亮的路只有一条——上班。于是，驿动的心终于渐渐平息。那时起，我明白了"铁饭碗"的真正含义：不是一辈子在一个地方吃饭，而是一辈子在哪儿都有饭吃！我明白了：在竞争激烈的深圳，努力不一定成功，不努力一定失败；我明白了：缺少的不是机会，而是为机会所做的准备；我明白了：比挣钱更重要的是挣未来，比薪水更宝贵的还有历练。因为醒悟，所以坚守！

有人说，公办学校的老师是圈养的，可以衣食无忧。民办教育工作者是野生的，注定颠沛流离。我承认，民办教育所走的并不是一条阳光坦途，而是一条羊肠小道。然而，野生的动物，不是更具生命力吗？"前途无望"是否意味"前途无量"呢？在"危"之中，是否孕育着更大的"机"呢？正因为民办教育所走的不是阳光大道，许多人不愿意进入，已经进入的却不愿意坚守，所以民办教育缺少好汉，这样却便宜了我这样的后生，如今竟然在教育的"梁山"之上混上一把交椅。我无意批判公办学校机制的僵化与沉闷，我只是更享受民办体制的自主与灵活。有人说，中国真正的教育家只可能在民办学校诞生，我不想去辨别言说者的初衷，因为我更愿意把这几句话当成一份鼓励。因为，我发自内心地认为：民办教育是实现个人价值的宽广舞台，是实现教育理想的绝佳平台。因为理想，所以坚守！

民办学校还带给了我人生的幸福。说起我与妻子的结合，就是因为在民办学校的机缘。2004年，为了使学校事业后继有人，董事长费了很大力气专程到华中师大、西南师大选了三位应届毕业生，并责成我为她们办理了深圳落户。未料刚过一个学期，还没满"周岁"，一位就考上了深大的研究生，准备远走高飞；另一位要到龙岗区去代课，准备调入公办学校。眼看就剩下一位了，大家都十分担忧，主管人事的我更是急在心上，为了让孩子们少承受更换教师之苦，为了珍惜董事长的劳动成果，为了民办教师的稳定事业，因为当时的我仍是孤身一人，于是我决定"奋不顾身"，做了一个重大的人生决定：搭上我一辈子的幸福！与仅剩的、最后一位女老师谈恋爱！于是，我们真正成了"民校一家亲"了。这一招果然有效，不仅稳定了一名教师，还顺带解决了我的个人问题，让我少了后顾之忧，让我的生活日趋稳定，使我更能心无旁骛地专注工作。因为上天的安排，所以坚守！

（作者单位系深圳云顶学校）

行走在教育彼岸

□王国平

我属于相对早一些由公办体制走出来，一步跨进民办教育行列的"老民办"。刚开始小心翼翼地探路，并留有"回家"的退路，不到半年时间，由于在民办学校中看到了、感受到了与我个性对接的大环境，这才义无反顾地大步前行，同时甩给观望和关心我的人一句很"豪气"的话——好马不吃回头草。因为我属马。

至今，仍会有一幅画面在我的头脑中浮现，是"一河两岸、风光迥异"的场景。这边是河畔线性公园，有绿荫小道、亭阁座椅，显出万般姿色、千种旖旎，与漫步的景中人相映生辉。可河对岸却不然，没有人工雕琢，自然丛林掩饰了河边弯弯曲曲、隐隐藏藏的小路，引得大家颇有些猜想，甚至有些人很想游过河去看个究竟。于是，我游过去了。

那是20世纪90年代，在公办体制下看民办学校确实有些"雾瘴"，尽管现代化校园环境和薪资待遇很诱人，但谁知前景如何？谁敢轻易地抛弃"铁饭碗"？我也是带着探路的想法走进了彼岸的民办学校。正如诸多同行者达成的共识，这个"彼岸"既有风景也有风险，但我照单全收，背起行囊，欣赏风景也体味风险，乐此不疲地成了民办学校的一名行者。

开拓似乎属于我。1972年参加工作不久，我被分配到鹤岗兴安煤矿第二开拓区，我喜欢"开拓"这个名字，如今，40年过去了，还清晰记得我为单位高产报捷写的一首歌词,歌名就叫"开拓者",歌词为:风机吼,电钻鸣,我们是英雄的掘进工,千米井下摆战场,夺煤会战打先锋……

喜欢开拓就不喜欢安逸。尽管原来在公办学校里,年复一年抓高考,不断挑战自己,也颇有成就感。但是,心底却总是有一些装不下的问号:教育就是教书吗?教育的终极追求就是教会学生考试吗?学生还需要我们再做些什么?社会需要什么样的教育?什么样的学校才是好学校?

那时,我在高考一线属于"会抓分数"的"好猫",年年载誉,勤耕不辍。可当有一年我用心用情,用钢板刻印的厚厚一本复习资料被学生考后撕掉时,我的心也被撕碎了。一地碎片无法复原,一种情绪无处搁放。或许,这也是我走进民办教育,走向寻找理想教育的缘由之一吧。

的确,在民办学校初期颇有些很理想化的情结,也总是处在对比中、纠结中,甚至时有动摇和怀疑心态,怀疑"彼岸风景"的未来是否存在。我也由此遭遇了许多困扰,包括作为职业校长与办学者行为方式的冲突,包括家长以客户身份与学校的对峙,包括个别教育部门主管人员对民办学校的偏见,包括不得不做的非教育的市场行为,包括举步维艰的创业苦衷等等。甚至,这些困惑直到现在也没有完全得到解决,依然重压在许多民办学校的办学者和管理者心头。

正是在纠结中的成长和成长中的纠结下,我在渐行渐思中收获了一种释怀。我知道了我要的事业空间和适合我的发展环境,也在管理学校中体味到了民校机制的优势所在,并逐步构建了属于民办学校职业校长的一些内在品质。

一次,在给一些民办学校校长做讲座时,我用自身的成长过程归结了如何当好民办学校校长的五项修炼:第一是教育情怀。特别是在民办学校中尤为重要,因为这是在经济环境下不为利益所惑的品质,也是一种身为教育人的立场坚守。第二是经营意识。至少在当下这是民办学校校长区别于公办学校校长的关键所在,因为民办学校需要自身"造血",

没有供给生命的"脐带"。第三是创新思想。这是基于民办学校生存与发展的问题，是民办人办学智慧的集中体现，是属于民办学校校长的特质。第四是方向把控，分为眼下和未来两个层面。眼下就是瞄着当下公办教育的问题如何解决来做民办学校的问题，未来是审时度势预测教育发展大趋势，来确定向学校走向何方。第五是管理修炼。这属于一般管理者的共性基础，但对于民办学校校长而言，更是基于管理学校的复杂性所提出的高标准。

然而，对一名合格的职业校长来讲，除了上述的五项修炼之外，我认为更重要的一点是脚踏实地、知行合一的态度。我对自己的行动定位，是从"行者"到"学者"。首先是弯下腰来做事，做"行者"就是不能只坐"帅帐"，还要去做"排头兵"。因为民办学校被社会赋予的职责就是探路，就是不断从教育教学实践中获取生存的养分，不断提升办学水平，成为教育领域中改革发展的积极力量，也只有如此才能在市场机制下立足，才能在社会口碑中发展。所以，作为民办学校职业校长必须拒绝"官本位"，不当"行政校长"，要善于学习，勇于实践、不断总结，用高尚的教育使命和文化修行的意识，去做行走在时代前列的"教育学者"。

回望走过的民办学校崎岖之路，欣喜的是，在诸多民办学校的生死轮回中，在饮水自知的寒寒暖暖中，虽然不乏倒下去的"先驱"，但依然会看到"办学自有后来人"。而且，后来者是在前车之鉴下，在国家新政下，在不懈努力下，把民办学校引向正路，为民办学校正名，也由此成就了一批真正意义的职业校长，为"一个好校长就是一所好学校"作出了正解。

我行走在"彼岸"，向着未来的风景，乐此不疲，享受着与中国民办教育一同的成长与成熟，并一路赏析民办教育那片透着开拓者智慧的"彼岸风景"。

（作者单位系北大附中河南分校外国语小学）

做孩子手边的拐杖

□李建辉

作为一名教师，不做燃烧自己的蜡炬，也不做修理孩子的园丁，更不做设计加工他人灵魂的工程师，而是做孩子手边的一根拐杖。

若问"我是谁"，那就很哲学了。而问"我是个什么东西"，则足见其另类：不把自己当人看。其实不然，我是很高看"人"的，只是感觉到自己还有没"活"到"人"的份上。我以为，"人"之所以不是"东西"，就是因为有其高贵的品格尊严——自由的意志与实现自由的能力；然而我有吗？我充其量只有一半：有自由的意志，却没有实现自由的能力。因此，我暂时只能算作个"东西"，但究竟是个什么东西呢？

好像，我只是个赚钱养活自己的工具。儿时被父母养着，长大后就自己养自己，再后来生个儿子来养，也不过是"养子防老"罢了。现在，儿子大了，自己也开始老了。想着儿子一个养多个的重任，自己就不得不要多赚几个养老的钱，而且还得想法不生病，否则，一时报销不了，变成"老不死的东西"，那就将成为后人不小的灾难。因此，活着，我就得做能赚钱养活自己的工具了。

工具，当然就是没有自由意志的东西。我没有实现自由的能力，却有自由的意志；毕竟，我做的是教师，这便是我的可悲之处。按理，教师应该是呵护人成长的人，不但要把自由的意志传递给孩子，而且还应该训练孩子实现自由的能力。简而言之，教师应该帮助学生由"东西"成长为一个真正的人。可我现在的所作所为却恰恰相反。养活自己的压力，把我固定在中国特色教育的流水线上，逼我充当以制造"考分标准件"换取工钱的加工手。每天我先用标准答案"加工"自己一遍，然后再N遍地去"加工"学生。如果没自由的意志，麻木的心灵也能像阿Q那样获得"精神胜利"，没有丝毫痛楚。不幸的是，不屈的自由意志，总令我清醒地看到这样的事实：为了养活自己，我这样的加工手，正在把一个个鲜活的孩子"教育"成赚取考分和奖金的工具，也就是把"人"加工成"东西"了。清醒了这样的事实，我又不能不骂自己：你简直不是个东西。

这就难怪学生对教师的抱怨了。

那天课前口头作文，一个孩子讲到"一日为师，终身为父"的俗语，说：教师与父亲是不能相提并论的，教师能成为学生的朋友，就很不错了。点评作文的孩子就说：其实，现在做老师的，都是些素质不怎么样的人。她话音刚落，教室里几十双眼睛都聚焦在我脸上。平常的心，大概能使我的脸呈现一个淡然的微笑，要不，点评作文的孩子怎能够继续对教师的抱怨呢？

我非常清楚，中国教师在人们心中究竟是怎样的形象。过去，也只有落魄的文人才来做孩子王；今天，即便是读师范院校的，发自内心把教师职业视为一生事业的，又有几人呢？平心而论，自己当年报考师范类院校，很大程度就是为了能"吃商品粮"，如果真有实力，那还不报考复旦北大吗？"学而优则仕"的官本位文化，注定了我们这个民族不遗余力地争夺权力而不惜践踏权利的文化品格；教师虽然在"软道德"中享有崇高的地位，但"硬道理"中，教师却与那些弱势的孩子一样，始终摆脱不了成为工具的命运。

轻视教师的实质是轻视孩子，而一个不把教育当回事的民族，其实就是不把自己的未来当回事。有意思的是，这个不那么重视教师的社会，却制造了不少令教师无比享受的美誉，如"蜡烛"、"园丁"之类。可是这样的美誉，却没有一点人味儿：它们不是把教师视为东西，就是不把孩子当作人。还有个"灵魂工程师"的光环，彰显的更是一种毫无生命敬畏的狂妄；要不，你说，人有能耐对"灵魂"进行设计加工吗？

当然，做教师的，也不难在孩子的心目中塑造自己光辉的形象。

不止一次，我在学生的口中或作文中，获得这样的赞美：老师，就是您的一句话，改变了我的人生；您是我人生的指路明灯。我不知道别人获得如此赞美是怎样的感受，但我，受之而心惊肉跳。如果不是赞美者在我心中形象特单纯的话，那我感受到的，简直就是一个莫大的嘲讽。因此，即便这是很真诚的想法，我也会很真诚地回应说：要说明灯，那是你们那一双双求真求善求美的眼睛，充其量，我不过是你们手边可用可不用的拐杖而已。

是的，在今天的中国社会，作为一名教师，不做燃烧自己的蜡炬，也不做修理孩子的园丁，更不做设计加工他人灵魂的工程师，而是做孩子手边的一根拐杖。那么，应该是不坏的选择，即便自己只是个东西。

（作者单位系中山大学附属中学）

坐看云起

□扈永进

  显像管换平板了,长虹神话湮灭。苹果强势回归,诺基亚挂牌待沽。民办学校面临重大变局,市场不会同情眼泪。重要的是,你要做幽怨的显像管,还是要推出人性化的触摸屏?行业危机,向来危中有机。

  接到编辑的约稿:写一写在民办学校工作的收获与感受,记录一下自己成长的经历,为什么要选择民办学校,坚守民办学校的理由是什么?要有故事,有感悟。

  就一个喜欢文字的人而言,这不算难事。故事?太多,也太少。坚守,谈不上。正如同,俺们都活着,社会心理学家说,习惯而已。生物学诠释,本能罢了。选择?这个极具主体色彩的词汇,最有效率的用场,无非事后诸葛自圆其说嘛,不说为好。至于收获,每月都有工资进账算不?感受嘛,百味杂陈,褒义谓之丰富,贬义呢?成长一词,令俺汗颜。经历嘛,有的。

  1992年,邓小平南方讲话之后,俺也附庸了一把风雅,停薪留职去了一家号称西北首家的民营影视广告公司。几个月后,返回。原因是,在新的岗位上愣是找不到感觉。天生读书写字的命,做不得生意。于是,回到原学校,继续教书育人写字侃大山。

俗话说，出墙总是为有躁动的红杏预设的。

1995年春天，在《中国青年报》上看到两则招聘广告，单位分别在上海和广州。寄出简历，外加发表过的一些所谓作品。很快，收到两份试教回复。怀着对"别样人生"的憧憬，踏上了南下的列车。寻思，先去广州，然后去上海。试教成不成，权当旅游一圈。结果，没去成上海。广州试讲之后，校长说，留下来吧。我说，能够拥有拍桌子的权利，就留。一留，就留到了现在。

试讲的第三天，上课。第四天，做了班主任。学校只有两个年级四个班，全校教师喝晚茶，一张圆桌就齐了。堪称"十来个人，七八条枪"。三十出头，生命词典里并没有那个累字。首任语文数学组组长，创刊校报，开专栏发表《精神卫生讲座》，起草学校规划纲要《发展教育模式》，开设文学欣赏课与文化专题课……先生孩子再起名，数年后才有了校本课程这个概念的。再接着，做了主任这么大的"高官"，祖坟直冒青烟哪！

学校初创，风雨飘摇。好生之德，瞬间转化为责任感。何况，与你自个儿的饭碗密切相连。于是乎，去广州市开教研会的时候，突发奇想自作主张，直接邀请教研权威们来校视察。先斩后奏，校长准奏没商量。来了，美言了，校报软文就有了。大家都很卖命，都很主动。校长总结道："公办民办，就像狗和兔子。他们为骨头而奔跑，咱为生命而奔跑。"那段时间里，民办学校明显跑得快很多。

收获嘛，首先是发薪时那种不一样的感觉。掂量着原工资四五倍的分量，想没有成就感都不行。其次，是想法的踊跃及其兑现。不用审批，也没有老教师在旁指指点点。马斯洛说吃饭说尊重说自我实现，似乎好像全有了。学校规模呢，也像爆米花一样膨胀起来，一千两千直至五千六百名学生，超巨型！

2012年3月的一次校内会议上，我说，目前民办学校的困局，源自国进民退的大背景,源自公办学校教师大幅提薪。公办学校同仁提薪,咱不应该不高兴,关乎境界啊!提薪引发民办学校优秀教师回流公校,这与当年我等跑到民办学校是一样一样地。问题是,独立行业寒秋,是否任湘江北去?这才是关键。对策何在?我说,加大人力资本投入,面向自己的消费者细分群体,坚持教育特色不动摇……说了20分钟。至于说了有用没用,不去想。说话者,我口传我心才是硬道理。

显像管换平板了,长虹神话湮灭。苹果强势回归,诺基亚挂牌待沽。民办学校面临重大变局,市场不会同情落泪。重要的是,你要做幽怨的显像管,还是要推出人性化的触摸屏?行业危机,向来危中有机。每年暑期,那么多中国父母花掉一生积蓄,把孩子送往欧美大学。民办学校董事长们,你们看出其中的机会吗?看出来看不出来,是他们的造化。咱不是董事长,再懂事也没用。好在,尚且衣食无忧。任从容,坐看云起。让岁月,自然延伸……

(作者单位系广东外语外贸大学附设外语学校)

站起来做教育

□ 郑学志

许多年前,我在一所公办学校任教。有一天,校长找到我,让我担任学校的中层领导。就在同事们纷纷向我表示祝贺的时候,我却出人意料地放弃了这个"美差",跑到一所民办学校应聘。大家都不理解,那时我35岁,正是人生中求稳的时候,为什么偏偏放弃美好的前途不要,扎进民办学校选择从头再来呢?

我是有自己理解的。在民办学校,教师需要面对更加复杂的生源背景:要么是家庭条件很好,家长追求更高质量教育的;要么是属于非招生范围,只好选择民办学校过渡的;要么是学生顽劣、没有地方可以安身的……所有的这一切,都对教师个人能力提出了更大的挑战。而我,恰恰天生是一个不安分的人,我喜欢挑战,喜欢寻求生活中的新变化。出于这样的考虑,我毅然辞职,去民办学校做了一名普通班主任。

客观地说,民办学校确实给了教师更高的工资,但世上没有免费的午餐,在享受高工资的同时,他们也承受了比公办学校教师更多的工作压力。入校的第一年,我这个在公办学校"如鱼得水"的教师,也明显感觉到了精力透支。和我一起来的教师,有些坚持不到一年,就卷起铺盖走人了。

离职,并不是能力不行,而是精神上有一种无法站起来的压力。因为那所民办学校,学生大多是富家子弟,学校强调以生为本,所有的工作都是为了留住学生、吸引学生,对教师们也多了一些额外要求。一些教师将这些要求理解为"低声下气地伺候学生"——如果把教育当成了伺候,教师就已经自己跪下了。

在这里教书,没有正确的财富观,不敢说真话,在学生中是很难站得住脚的。我告诉孩子们,我欣赏那些坦率地承认自己是为了待遇而来的教师,同时更欣赏那些为了解决教育新问题而来的教师。民办学校的孩子,他们鲜有艰难的生活体验,也认识不到社会的复杂性。随着社会经济的进一步发展,这样的孩子越来越多,如果不能让他们接受正确的教育,对中国未来的影响是不言而喻的。有人预言,将来的中国,不是缺少那些创造财富的人,而是缺少能够继承财富的后代。

所以,当学生问我:"郑老师,你觉得教师收入这么低,是不是很不划算呢?"

我真诚地回答他们:"就目前而言,教师收入不高,但我并不觉得自己收入低就很贫穷。相反,我觉得我日子过得还很不错。"我更大的成就感,在于我培养了一大批善于创造的人,一大批对社会有贡献的人。"在座的诸位,你们学成毕业之后,就是我们这个社会有影响的阶层。你们对生命价值的认识,你们对社会经济的影响,都体现着我的思想和精神,一个教师的成功,就在于培养了比自己更强的英才。所以,得天下英才而教之,历来是教书人最大愿望和梦想。"我这样对孩子们说。

当然,在民办学校,我收获的还不仅仅是这些。在民办学校无法复制的经历,还改变了我对学生的态度,以及我对教育的理解。

因为班上有太多的问题学生,迫使我不得不想方设法去改变他们。有一个叫时俊(化名)的学生,小小年纪,就染上了上网打游戏、抽烟、赌博等一系列坏毛病,经常遭到家长的打骂。面对这样的孩子,我没有放弃。

记得接班的第一天，我就对他说，不管他有多么糟糕的历史，在这里就是一个全新的开始。我不关注他以前怎么样，我只在乎他今后怎么样。就好像现在，我们在这里聊天，没有教师，只有朋友、同学和同伴，我们可以互相敞开心扉。

我坦诚地告诉他："一个人有爱好，这不是一件坏事。但是，我们不能够因为有爱好，而将别的人生要义都忽略了。人的一生，有三件事你必须面对。"他很感兴趣，问我是哪三件。我告诉他，一件是必须做的，不做就不能够生存下去，比如说工作；一件是可做可不做的，比如说打游戏；另外一件是不能够做的，比如说吸毒。我们不能够因为可做可不做的事情，而放弃了我们必须做的事情。不然，以后将付出更大的代价来学会谋生。

那天他很受触动。整个谈话过程中，我没有责备他一句话，也没有要求他如何做。我只是结合自己的经历，谈观点、谈体会。他能够接受，我很高兴，他不能够接受，我也不反对。

就在这样一种平等民主的气氛中，他向我敞开了心扉。我了解到，他并不是一个感情冷漠的人，他需要的东西和大多数人一样，也是爱、关注与安慰。甚至，有时候他的需要是那么低微，比如一段和父母相聚的时光，可是父母都忙于生意，很少有时间陪他……

他说得泪流满面，我的眼睛也湿润了。我抱着他的肩膀，告诉他：在我们班上，至少他有我这个朋友！我相信他，一定是一个对得起自己名字的人——时俊，识时务的俊杰啊！

后来，他果然以优秀的成绩毕业了。很多人问我是怎么做到的，我说，我只是把爱赋予了民主和平等的内容而已。

在民办学校工作三年，我纠正了许多以前对学生的错误认识，后来我把在民办学校工作的部分日志，整理成《班主任工作新视角》并且出版了，引起了不小的轰动。好多教师告诉我，他们后来之所以选择到民办学校教书，就是因为看了那本书。

如今，我再次回到了公办学校任教，感谢那段在民办学校的经历，让我受用无穷——它使我对教育的理解更加深刻，使我的教育教学更加专业，使我成长的脚步更加扎实……

（作者单位系湖南省邵东县两市镇一中）

梦想是一团火

□ 王　钢

9月9日，教师节的前一天。同事打来电话，说我的毕业生们相约来母校，还送来了好大的一个花篮，特别想见我。

这就是老师的幸福——被笑脸团团簇拥的满足感，足以支持我们继续微笑着站在三尺讲台上，哪怕有这样或那样琐碎的不如意。

可我不能赶到城市的那一边去见他们。因为此刻，我已不再担任那所省级名校的语文教师了，而是在着手创建一所尚停留在梦想阶段的民办小学。我知道，自己所面临的困难会有很多，就眼前而言，这所酝酿中的小学甚至还没有拿到建校用地。但是我愿意尝试，并抱着必须成功的决心和信心。我，抽不出身来同他们见上一面。

其实，从教13年来，直到两个月之前，我从来没有动过辞职创业的念头。

可今天，怎么就说干就干了呢？

四月的一天，我和郑州加斯顿教育机构的王卫东夫妇萍水相逢。我本是奉行"群坐守口"的人，可卫东的一句"你认为小学生作文该怎么教"打开了我的话匣子。我讲到教作文的目的当使孩子体味写作的快乐而非拼凑文字；我讲到教作文的老师自己也必须会写并爱写；我讲到形形色色的作文书对于孩子的写作能力之培养弊大于利；我讲到课堂的组织形式当大刀阔斧地改革,让孩子真正成为学习的主人;我讲到教师的教育教学理念之核心当是充满爱意的儿童观……

记得那时卫东的眼睛亮亮的,他迫不及待地插话:"你了解高效课堂吗?"我还未回答,他又补充:"我们就想办一所这样的学校!"

什么能够让人一见如故?

原来,在我们心中始终怀揣同样的梦想——

在这样的一所学校中,每个孩子都能够按照生命内在的规律慢慢成长,而且真正快乐;

在这样的一所学校中,每个孩子都能够拥有更广阔的视野、更出色的生活能力、更多的成就感;

在这样的一所学校中,每个老师都是满面春风的,不管是面对孩子、家长,还是领导、同事;

在这样的一所学校中,每个老师的心都没有杂念,完全都在想着孩子,并从中体味成功和幸福;

在这样的一所学校中,每一个人——无论校长、老师、孩子和家长,都可以非常亲切、非常有活力、非常有想象力……

而这一切,在公立学校,因为种种原因而很难实现。就像一位校长亲口对我讲的:"我连用人都没有自主权,从上面派来的老师,无论如何都得安排,以至于我们学校的三个音乐老师没有一个会教孩子唱歌的!"

而民办小学,这一切都因为体制的相对灵活而成为可能。

在加斯顿小学首届新生的入学仪式上,我同每一个孩子握手、拥抱,眼睛情不自禁地湿润了。

感谢加斯顿教育——唤醒了我心中的梦想。这梦想,就像一团火,令我热血沸腾,令我毅然走出了"坐井观天"的小圈子!这梦想,就像一团火,必将照亮更多的地方,必将温暖更多的孩子……

(作者单位系河南省郑州市加斯顿小学)

野百合也有春天

□ 梅洪建

不可否认，公办学校的"待遇"丰厚，公办老师的优越感也愈加明显，而在民办的老师们就仿佛成了山谷里的野百合。其实，野百合也可以有春天。

突围的途径是无欲

2000年8月，刚刚走出大学校门的我就满怀激情地走进了民办学校的门，因为那时的认识是"公办已死，民校当立"，因为那时的理想是"我要在短期内成为中国的苏霍姆林斯基"。

可是，理想的丰满永远取代不了现实的骨感。没有名师的引领、缺少外出的交流、少有参赛的机会等等，一个个冰冷的现实使自己的理想逐渐减肥，我陷入了极度的绝望之中。于是就想在禅言佛语中找到心灵的慰藉。

一日，读到了这样一个公案：有人问大珠慧海禅师"和尚修道，还用功否？"师曰："用功。"曰："如何用功？"师曰："饥来吃饭，困来即眠。"曰："一切人总如是，同师用功否？"师曰："不同。"曰："何故不同？"师曰："他吃饭时不肯吃饭，百种须索；睡时不肯睡，千般计较。

所以不同也。"

"吃饭"、"睡觉",这不就是最常态的生活吗?就是因为我们在工作的时候玄想明天,而不去走好脚下的路,所以理想的花只能在每天的玄想中逐渐凋零。

而走好脚下的路,才能自然到天涯。

就是这个公案,改变了我对成功途径的看法,将我逐渐从绝望中拉了出来。我告诉自己"突围的途径是无欲则刚",只要埋下头把课备好、上好,把班级带好,我就一定能走得更远。

于是从此开始,我认真阅读李镇西、余映潮、王荣生、王尚文、李海林等名师大家的语文著作,认真去研读每一个文本,上好每一节语文课。我不去关注成功与否,就看自己的课堂设计是否成功,自己的课堂效果是否良好。而就是在这样的默默前行中,我竟然多次获得了学校课堂大赛的一等奖和特等奖。也因为自己对课堂的思考、实践和对新课程理念的学习与思考,我在踏入中国语文教育资源网的第一周,就被任命为"课例研讨"专栏的版主,拥有了更广阔的平台可以和当时的网络明星,而今的教育名师李镇西、干国祥、魏智渊、焦美玲、万玮等交流与学习的机会,也促使我更加广泛地去阅读教育、美学、哲学、历史等书籍,不断地去丰厚自己的学养。

记得那时我读了李镇西老师的《爱心与教育》,让我坚定了做一名好老师的信念,读夸美纽斯的《大教学论》,让我明白了人性的高贵和教育的神圣,读宗白华让我明白了美,读冯友兰让我懂得了智慧……后来就有了2004年我的第一篇教学论文在《语文教学通讯》上发表。而也正是这篇文章的发表,使我这株民办学校里的野百合绽露了自己的花苞。之后我的课堂实录《浴火中重生》入选了《中国著名语文教师的课堂细节》,《评李镇西老师〈致女儿的信〉》入选了《镇西茶馆》等书籍,并且有多篇文章在《班主任》、《现代语文》等杂志发表。也因为带班成绩突出,被提拔为学校的副校长,并被很多兄弟学校邀去"传经送宝"。

真的,走好脚下路,自然到天涯。就是因为对脚下的课堂和每一个孩子的关注,使我先后收获"全国录像课大赛一等奖"、"全国中语会优秀试验教师"等沉甸甸的成果,并且在2008年获得搜狐网"高考作文猜题第一人"的美誉,赢得了多家新闻出版单位的关注,先后主编了《高考写作冲刺与升格》等多部书籍。再后来获得"全国优秀教师"的荣誉也就是自然的事情了。

最大的幸福是自由

2007年之后,由于各种因素的影响,民办教育在中国大地上日渐式微,还记得任靖玺先生那本《教育炼狱十年》,读了让人触目惊心。与此同时,公办老师待遇大幅度提升,"回归公办"成了大多数民办学校教师的选择。

"你是适合民办学校的,因为民办学校相对自由。"一位德高望重的老教师告诉我说。或许是吧,于是我就继续走在了民办学校的道路上。

"民办学校改革不一定有出路,但不改革一定没有出路。因此,你有多大的本事,我们就会给你多大的舞台;你的翅膀有多强劲,学校给你的天空就有多广阔。"

这是我的前任教学副校长樊瑞先生说过的话。它代表着很多民办学校决策者的心声,也在某种程度上诠释了民办学校里自由空气的来源。对于一个有想法和追求的人来说,能自由地呼吸就是最大的幸福。

因为有这样一种空气,我可以自己海阔天空地去设想自己的教育之路,我可以把自己的想法在教育教学中试验。

于是——

2002年,开始跳脱"管理"的"建设"班级试验,坚持4年的试验让我带班成绩斐然，2005年起就开始多处"介绍经验"；

2003年，我在做学校的语文中心主任时，参与设计了语文"小三联"课堂模式，打破传统45分钟课堂结构，实行"10＋90"的大语文课堂模式；

2004年，独创"二预案式"备课模式，将"文本解读、预案研讨、课堂试验、二预案研讨、课堂在试验"五步结合，极大地提高了老师们的业务水平；

2007年，提出语文课堂的"三维"教学，将"学会思考、学会写作、学会做人"作为语文课堂的"三维"，将思维品质的培养放在语文教学的突出位置。

2008年起，开始语文文本与写作发展层级之间的思考，想构建一套完整的中学写作教程。同年也开始跳脱"建设班级"或者"自主管理班级"模式，开始了"培育－发展"班级理念的构建；

2009年起，在所带的班级全面试验"培育－发展"班级理念，同年出版专著《绽放每个生命》，并完成《给梦一把梯子》写作教程三部曲的书稿。

2010年5月起，"培育－发展"班级理念的试验获得了初步成功，并开始了在《教育时报》推出"重塑带班理念"长达18个月的专栏。同年出版《给梦一把梯子》三部曲。

2011年高考，所带曾经是学校最差的班级，完成了100％上本科的梦想。万玮老师说："小梅，你创造了奇迹。"其实，我想说，是民办学校的自由风气成就了这个结果。

2011—2012年，自己很荣幸先后被《福建教育》、《中小学德育》、《中国教师报》、《班主任》等多家媒体推介，并且成为《班主任》杂志的封面人物。全面反映"培育－发展"班级理念和教育实践的专著《班主任的本位与突围》也即将出版。

在要求服从和整齐划一的环境里,你会有这些试验的田地吗?还会有这些收获吗?我不敢想象。

什么是幸福?绝对不是物质的丰满,而是拥有一片可以让自己的思想飞翔的天空,是拥有一片可以让自己坚实走路的大地。12年的民办学校路程,让我呼吸畅快,收获殷实。

我是个幸福的人!

人生的意义是奉献

2011年,在"全国三大班主任之一"、《班主任兵法》作者万玮老师的邀请下,我加盟了他所在的上海市平和双语学校。"平而不庸、和而不同"是这所学校的基本文化。在这里,我的思想得到了进一步的升华。

"一个人的价值不在于你有多大的名声,名声这东西就如沙滩上的脚印,一次涨潮就可以消失殆尽,关键在于你的价值,在于你给别人和社会留下了什么。"一个早晨,德高望重的龚德辉校长如是对我说。

确实,这句话深深地感动了我。一个人如果被名利羁绊了脚步,那么就注定了是悲剧。

于是,和很多志同道合的朋友一起,如万玮、郑学志、陈晓华等等组织了"班主任尖峰论坛",用沉静的心做教育的事业。

李镇西老师曾经在《浮躁之外的沉静》一文中说:"这是真正的'论坛'。这里几乎随时都有老师在研讨,他们讨论的大多是工作中遇到的具体困难,或交流各自在班主任工作中的心得体会,有时候有了什么收获,也到这里来让更多的人分享。从年轻班主任的讨论中,我感到了这是一群富有理想主义情怀却脚踏实地'静心教书、潜心育人'的教育者,无论窗外如何喧嚣,他们总是守着一颗朴素的心,实践着研究着交流着分享着点点滴滴的教育。"

这是李镇西的赞誉，也是我们的坚守。

我告诉自己："什么是幸福？那就是到老的时候摸着自己的良心——这辈子没白活。"因为这种信念，我经常参与到各式各样的教育公益活动中去，愿意将自己的思考无偿地与朋友分享，愿意用自己的行动唤醒更多的人关注教育、实践更美好的教育。在此过程中，也丰富了活着的意义。

默默地耕耘一亩田，静静地守住一隅心，就算你留恋开放在水中娇艳的水仙，请别忘了，寂寞山谷的角落里，野百合也有春天。

（作者单位系上海市浦东新区平和双语学校）

我用生活教育对抗功利教育

□ 蔡兴蓉

收到朋友转来的一篇文章，标题是《蔡老师，您的天地有多大》。在她看来，我这样一个"优秀的、多才多艺的老师"，一个"自觉地承担起社会责任的知识分子"，不应该做家教，而应该"价值最大化"，简言之，就是"到学校去"，"到班级去"，如此这般，才能"春风化雨，广施甘露"。她还说，现在我国有不少高瞻远瞩的校长，"人才尽为其所用"，而我只有到了这样的学校，才能"花儿遇到了春天，没有不开的理由"。

说得真有意思。

我很感谢朋友的好意，只是她不知道，我如今早已铁了心思：宁愿转行，也决不重返原来的学校。再说了，我现在过得好好的，没有必要再折腾——以我的性格和价值观，到别的地方去势必"折腾"。具体情况是这样：我一本正经地坚持常识，在别人眼里却是胡闹，这不是很麻烦吗？想当初，我在课堂里给学生放经典影片；春天来了，带学生外出踏青、写作；课外活动时间，在校园广场上教学生下围棋；自费买书，在教室里设立"图书角"；有一次公开课，我还丢下讲义，跑下楼去赶猪（因为楼下的猪叫个不停，却没有一个人去制止）……所有这一切，给我带来的只有绰号，诸如"癫师"、"另类"、"在大街上走猫步的人"等。

鉴于我"屡教不改",校长劝我改教政治,因为学生集体罢课,校长才只好作罢。另外,假如你问我,为什么我至今还是初级职称,我愿意这样回答:我只配初级职称。有一回爱人瞒着我填好并呈交了晋职申请表,我得知后,立即以冲刺的速度抢回了申请表……"申请",您瞧瞧这两个字!

在好的体制和机制出现之前,人们寄希望于校长,就像封建时代寄希望于明君一样,是情理之中的事。然而,虽说历史上偶有"盛世",但毕竟都是昙花一现,因为明君也不能改变社会的性质,何况校长不是君主——他上面还有人管着。

当然,我绝没有贬低校长的意思。恰恰相反,由于制度是死的,人是活的,人的作为永远是一切历史事件的中心和亮点,因此,我对朋友提到的那些在限制中求自由的校长,从来心怀敬意。纵然如此,我还是不愿意到他们领导的学校去,原因是:我相信,"大环境"下的宽松总是有限的,而我在市场中为自己争取的自由空间,早已大到了体制内的人难以想象的程度。倘若我当初能预料到这种自由,我自己也会何等惊讶,何等庆幸啊。

首先是思想的自由。不用说,做家教老师比做学校老师忙多了,但因为忙得对路,忙得单纯,所以我仍能抽出许多时间,躺在公园的草地上静静地阅读、发呆,思考我未经思考的生活。而当初这些时间,多半是在开例会,政治学习,集体办公,应付教案,教学评比……总之是忍受行政干扰的无穷折磨。现在呢?我把那些干扰像抹蜘蛛网一样轻轻抹开了,而一心一意想教育。在这过程中,我常常体会到真理的亲切和思想的甘甜——你得承认,豁然开朗绝对是一种幸福!比如说,我问自己:读书时是数学高才生,怎么现在就只记得勾股定理了呢?想来想去,我得出结论:因为那些知识不是学来的,而是教来的。省去了至关重要的"学而时习之"和"不愤不启,不悱不发"的慢过程,随着时光的流逝,教来的知识当然就是水过鱼背，归于无形了。又比如，我问自己：为什么这些年来一直坚持学习、坚持写作、坚持进步，文章却只有小溪的清浅和活跃，而没有大海的深沉和气势呢？我很赞同朱永新先生的一句话："一个人的阅读史就是他的成长史。"从这个角度看，我写不出好文章的一个重要原因，是由于我小时候没有读过为一生垫底的经典，在以后的学校生涯中，又一再错过了博览群书的良好时机，弄得如今人至中年，还得补读许多青少年时期就应该烂熟于心的书籍。这是教育给我生命带来的空白和缺憾。还比如，我问自己：一个理工科出身的人最终从事文科工作（教语文），是偶然还是必然？追根溯源，我的结论是必然。因为我在读小学三年级的时候，有一回犯了错误，就按要求写了检讨书。谁知老师看后，发现遣词造句颇有文采，一高兴，非但没有批评我，而且将我大大地表扬了一番！这就是"伏笔"。我想真正的教育必然是有伏笔的教育，换言之，没有伏笔的教育不是真正的教育。

诸如此类的思考有如萤火虫，明灭闪烁，穿行于我整个的生活，而它们对我教学的影响，不用说是持续的，也是深邃的。

我认为迄今为止，我的人生最大的成功，乃是职业的成功。我能根据我自己的爱好、特长和教育观来自由地设置课程。我的这种"量身打造"的课程，由文言、围棋和博客写作三部分构成。为了阐明我的意图，我在《2012告全体弟子书》中这样写道："我为什么不跟在学校教育的后面亦步亦趋，而以文言、写作和围棋为主要课程？这是基于两个考虑。一是我喜欢。在我看来，一个教师的课程设置应该是他的知识结构决定的。教师教授自己的特长，本是再自然不过的事，但在公立学校却很难做到。二是，我深悟这三个东西都是绝好的东西。文言文沉淀了几千年，现代文才延续了几十年，二者不可同日而语。我愿意说，中国语文是中国文言文，而不是中国现代文。写作——这里是指自由写作，则是一种修行。"我提倡博客写作就是提倡自由写作和人生修行。在这方面，有的同学做得好，有的同学做得不大好，大家可以自行对照。至于围棋，行外人和行内人可能都会疑惑：一个语文老师为什么教起围棋来？我只说两句：第一句，本人是业余高段棋手；第二句，围棋跟高考无关，却跟人生有关——而高考只是人生的一部分。

我感到非常自豪：在今日之中国，我竟然能用生活教育对抗功利教育，且能养活自己。我常对前来咨询的家长说："在我这儿学的都是无用的知识。"而不少家长很快接话说："老师，无用才是大用。"这一点可以说明：我们的部分学校教育不仅自闭于文化界、企业界和其他各界，还自闭于最关注孩子成长的各类家长！

想起来胆战心惊：半生一直为"不可以做什么"所掣肘，现在才开始考虑和实施"可以做什么"。呜呼！花不怒放，凭什么叫花？生命不展开，凭什么叫生命？

我特别相信法国哲人蒙田的一句话："幸福是人生唯一的事业。"现在我可以坦陈：我当初的离开，实际上是离开一种自上而下的控制型结构。在一级监督一级，一级控制一级的政治生态中，位处最底层的教师，其尊严无从谈起。常听人无奈地调侃"世上最浪漫的事，就是跟体制一起慢慢变老"，但我不愿意再等了。临走的时候，有同事劝我，都这个岁数了，何必呢？我笑道，只是怕将来开追悼会的时候，悼词过于单调。一言以蔽之，我离开体制是奔着幸福来的。是不是能得到幸福，我不知道。

身为一位教师，我如今无疑是行走在幸福的路上。假如要我拿出幸福的证据，除了前面提及的两个自由，我想我还得补充一句，就是过上了一种完整的生活。举例言之：我的"教研会"，多是在咖啡厅里跟家长一起"开"的。在这种情形下，你连某个孩子一紧张就嗅袖子的习惯都了然于心，又何愁因材施教呢？

由此看来，所谓"完整的生活"，不只是一种民主概念、权利概念，也还是一种职业概念、效益概念了。简言之,就是一个人有了免于奴役和恐惧的舒适心态,才有可能独立思考和自由创造,也才能把事情愈做愈好。这种情况,在相对复杂的脑力劳动中显得格外明显。这是常识。然而我们的教育常常与这个常识背道而驰,还越驰越快,越驰越远,以致我相信:只有坚持现在所走的路,才会有真正属于我的天地。

(作者系蔡兴蓉语文馆馆长)

民办学校教师的梦与痛

□ 罗刚淮

城市中生活着这样的一个群体：他们高学历，高素质，拥有着许多"优秀"、"先进"的荣誉头衔。他们从事着神圣的教书育人工作，但是，却跟许多农民工兄弟一样寄居于城市，候鸟一样春去秋回，迁徙于工作单位与家庭之间。他们的身份很尴尬——民办非企业人员，非企业应该就是事业吧？但他们没有编制，不属于事业单位的人。他们是——民办学校的教师。

曾几何时，民办学校被称作"贵族学校"，民办学校的教师被冠以精英教师的盛名。20世纪90年代初，中国民办教育刚刚起步，投资者以漂亮的校舍和优秀的教师吸引家长、学生，收取高价学费。当时，国家政策允许一部分人先富起来，于是，经济发展催生出一批富裕阶层，他们重视子女教育，迫切需求优质教育。而当时的优质教育资源严重缺乏，所以，民办学校新颖的办学思路和崭新的校园、优秀的师资打动了他们的心。事实上，当时的民办学校举办者也确实怀揣教育报国的理想，定位高品位优质办学要求，不拘一格选聘优秀教师，当时，能被民办学校录取的教师也确实是从千军万马中被精挑细选出来的，其中不乏特级教师、省市级劳模。一所学校能拥有获得如此之多荣誉的教师，即便是在当时最好的公办学校里也是非常少见的。所以，20世纪90年代初的民办学校名师云集，学校普遍兴旺，成为当时教育界靓丽独特的风景。

民办学校先进的办学思想、优裕的物质条件、灵活的用人机制，给长期禁锢于公办学校逼仄的教育环境之中，却又心怀梦想不甘平庸的教师心中燃起了熊熊希望之火。

20世纪90年代正是民办学校的兴旺期，学校生源丰富，学生报名火热，教师待遇丰厚，当公立学校教师还拿着几百元的时候，他们早就拿到一两千甚至两三千元的工资。

然而，近年来，随着国家经济的迅猛发展，民办学校如雨后春笋，遍地开花，竞争异常激烈。同时，国家加大了对公立学校的投入，公立学校的校舍、教育设施得到了极大的改善，公立学校的教师待遇也如几何级数增长，公立学校教师与民办学校教师之间待遇差距越来越小。笔者走访过许多民办学校，从南到北，几乎所有的民办学校教师都感觉到"民办学校压力大、收入增长缓慢，在民办学校缺乏保障，没有稳定感"。民办学校亦如明日黄花，风中摇烛，在教师的心中早已没有前些年那种朝气蓬勃前途无量的美丽幻象，如今正或浓或淡地蒙上前途危艰希望渺茫的阴影。

民办学校的发展始终是优胜劣汰，在这个过程中，教师是何等的尴尬。当教师背着大包小包辗转穿梭于许多学校之间，接受着各学校的挑选，这样的生活如果成了常态，又有谁能始终保持昂扬上进的教育姿态呢？民不患寡而患不均，民不患穷而患不公。当同是教师的人们看着体制内的巨大差异时，民办学校的教师还能心平气和尽心尽力地从事着教书育人的工作吗？

民办学校作为市场化的产物，物竞天择，市场选择自然是其生存的铁律。然而，这些学校往往没有完全享受到国家的政策扶持，在各地政府的执行过程中，民办学校受着各种有形无形的干扰制约，民办学校步履艰难，民办学校的教师自然感同身受。

当前，民办学校确实已经成为各地教育事业的重要组成部分，甚至有些地方的民办教育占据了当地教育的"半壁江山"，涌现出一批办学思想先进、教学质量高、社会声誉好的品牌民办学校，极大地促进了当地教育事业的发展。这样的民办学校确实像《民办教育促进法》当初所描绘的那样，为探索学校管理、教学改革、理念创新和多元办学等做出了重要的贡献。同是担负着教书育人重任，同样培养着社会主义事业接班人，民办学校理应得到与公立学校同等的地位和待遇，民办学校教师应该同样享受到同样的待遇和权益。

然而，现在对民办教育的政策扶持还没有完全落实到位。在民办学校中教师和学生的合法权益得不到切实保障。虽然从法律上规定了民办教育的学校、教师、职员、受教育者，与同类公办教育的学校、教师、职员、受教育者具有同等的地位和权利，但是目前还仅处于法律文本的解读阶段，现实情况是，民办教育发展的政策风险依然存在。

（作者单位系南京师范大学附中江宁分校）

乐守三尺讲台

□ 郭新爱

看着报纸上刊登的《坚守的理由》这篇文章，猛然间忆起，从当初义无反顾、毅然决然离家至今，不知不觉中，我在民办学校工作已有14载。时光如白驹过隙，白发已悄然爬上鬓角，故乡亦渐行渐远，而不曾改变的是我对故土家园的眷恋，对菁菁校园和莘莘学子难以割舍的情怀。正所谓，十年弹指一挥间，而人一生中的美好年华、青春岁月，又有几个十年？

遥想14年前，自己背负简单的行囊和沉重的债务，在一个炎炎夏日，带着许多的不舍和破釜沉舟的决绝，我辞别妻子和不满两岁的女儿，只身一人应聘至东莞市一所民办全封闭式贵族学校任教，兼任班主任工作。在这所学校三年的磨砺和刻骨铭心的伤痛，让我学会了成熟与坚强。抹干泪水，藏起所有的悲愤，重新收拾伤痕累累的心境，将经历变成资本，我又一头扎进中国改革开放的最前沿阵地——"得宝之安"的宝安。依然是民办学校，依然手捧随时可能砸碎的"泥饭碗"，依然坚守神圣的三尺讲台。

现在想想，当初到尚属新兴事物的民办学校任教，毅然辞掉家乡公办教师的工作，选择了当时相对来说高工资、高风险、高强度的民办学校，也就是人们口中常说的"打工"，我其实没有过多地考虑得失，我也不知哪来的勇气，也许真的是被沉重的债务所逼，也许是感到在家乡可能毫无作为，也许是不想一生碌碌无为。在民办学校工作，没有了"大锅饭"和"铁饭碗"，没有了得过且过的"混日子"，也没有了那份轻松和悠闲。取而代之的是激烈的竞争，还有高强度、持久的工作。

刚开始的那一年，要适应新的环境、新的学生、新的教学观念和新的管理方式，同时还要面对随时可能下岗的残酷现实，压力可想而知，以至于经常有如履薄冰之感，有时亦不免胆战心惊，头发亦随之大量脱落。孤独寂寞、迷惘彷徨、失落伤感之情曾经如梦魇般时时缠绕着我。而每当夜深人静时，对故乡和亲人的思念常令我泪湿衣巾，辗转反侧，锥心之痛不啻为一种煎熬。第二年，我把妻子和女儿接到身边，重新有了家的温暖，因为没有了顾虑和担心，我几乎将所有的精力都投入工作。

14年寒来暑往。上学的日子，我和那一帮让你欢喜让你忧的孩子们一起学习和生活，朝夕相伴。快乐着孩子们的快乐，骄傲着孩子们的骄傲。"桃李不言，下自成蹊"，也正是这种润物细无声的师爱，许多时候让我忘记了烦忧，虽备感肩上沉甸甸的责任，但在民办教育的沃土上辛勤耕耘，乐此不疲，收获着欢笑、成功。

也许是拥有一份对民办教育的理解和热爱，所以多了一份责任和使命感，更多了一份难以离弃的教育情结。这也许是来自我内心深处对教育，尤其是对相伴14年之久的民办教育的一份挚爱之情吧。现实生活中，虽然民办老师与公办教师还存在不小差距，如地位、薪酬、福利等皆不能相提并论，难以望其项背，但是我不止一次主动放弃了改行的机会，尽管我亦有过抱怨、失落与迷惘，但时至今日，我无怨无悔，始终保持一种良好平和的心态，始终坚守自己的信念，用自己的良心和良知教育并影响我的学生，从容淡定中感受一份宁静与恬适，教书育人，清贫而不失快乐，辛劳充实，执着追求，用心呵护心灵中最圣洁的情感，憧憬最美好的愿景。

"路漫漫其修远兮，吾将上下而求索！"这既是我的自勉，也是我追求的信念和前进的动力。

（作者单位系深圳市宝安区崛起诚信实验学校）

他们为谁辛苦为谁忙

□王必闩

　　与民办学校的接触始于 2003 年。我是一个安分守己的人,不喜欢挪动,也不敢折腾,很容易满足现状。记得那年,有政策说所在的学校即将面临撤并,加上身边的同事调动的调动、跳槽的跳槽,一时间闹得人心惶惶。如此境况,心理素质再好的人也不可能无动于衷。于是,我不仅心动而且有所行动,向当地一所比较知名的民办学校投递了一份简历。没想到,很快得到了面试通知。更没想到,在经历几道程序之后,就进入签订工作协议环节。当得知没有编制,也没有相关保障之后,我犹豫了,动摇了,最后决定放弃。于是,继续坚守在原来的学校,我对民办学校的关注也就此打住。

　　2005 年,一个偶然的机会,我调入城区一所高中,2007 年兼任本区历史教研员一职。因为经常组织教研活动,我再一次关注起本区几所民办学校。每次教研活动,一些民办学校的教师来也匆匆,去也匆匆。最初我不解,还有些生气。后来,几位教师告诉我,学校每位教师的工作量都很饱满,可谓"一个萝卜一个坑",参加活动不要紧,前提是必须上好自己的课,不能请假,更不允许旷课,否则扣钱,甚至走人。如此要求,对老师们绝对是一个挑战,一方面他们真的想参加这样的活动,提高自身素养;另一方面繁重的工作量,严格的劳动纪律又使得他们不敢有任何懈怠。于是，经常出现他们听完课后，来不及研讨与吃饭就匆匆往回赶。自那以后，我理解这些生活于民办学校里的教师，我更敬佩他们的敬业精神与工作干劲。

还有一位朋友，也是一位民办教师。十几年前，他从苏北老家的一所公办中学辞职来到这里，认为这一选择能给他带来更多的收入与惊喜。他有过失望，也考虑过打道回府，但发现此时已没有回头之路。于是，在几经思量之后决定留下。他说，临来时他的职称是中学二级，来到这里发现民办学校差不多是一块教育荒地：一方面当地教育主管部门对民办学校不太关注，基本处于被忽略状态；另一方面民办学校自身对职称根本不重视，因为教师收入不与职称挂钩。收入多少主要看你的教学成绩。他说，若在老家，像他这样，早已评上高级职称。而他直至2010年才评上中学一级。面对这样的结果，他感到很无奈。怪谁？学校？主管部门？社会？自己？他说不清。

必须承认，民办学校，它们也是学校这个大家庭中的一员，为社会和教育的发展同样做出过贡献，理应受到社会的关注与关心。不解的是它们似乎一直处于被遗忘、被边缘的境地。没有花香，没有树高，只是一株无人知道的小草。而生活其中的这些教师们，他们付出的努力与心血，不比公办学校老师少，但在职称评定、生活保障等方面，他们没有得到社会同等的回报与认可。造成如此局面，究竟谁之错？他们为谁辛苦为谁忙？也许谁也说不清，但我们绝对不能忽视这个客观事实。作为社会的一分子，我们是不是该为他们做点什么？哪怕只是力所能及。

（作者单位系江苏省南京市江宁区教研室）

我有一个梦想，在一个不是太遥远的将来，中国应该成为自由办学的天堂，一切强加在人们身上的枷锁统统都被拆除，每一个人的聪明才智都能得到释放，中华民族的伟大创造力将再次令世界为之赞叹。在通向这一伟大目标的历史征程中，学校自由招生、学生自由择校将是必要的制度形态。

第肆辑　观察者的预见

民办教育要有"三只眼"

□ 陶西平

民办教育的六大特点

我国民办教育从高速发展的初创期向成熟期的过渡，还需要更多理性的思考和实践，才能实现民办教育在更高层次上的健康发展。从民办教育当前发展的外部环境和内部建设看，以下几个特点日益显现：态势很好，但区域差距很大；发展平稳，但优胜劣汰加快；方向喜人，但政策不够完善；自律加强，但办学不够规范；水平提高，但队伍不够稳定；合作增强，但行业不够成熟。

态势很好，但区域差距很大。《国家中长期教育改革和发展规划纲要（2010—2020年）》颁布以来，国务院和教育部高度重视落实民办教育发展的要求，各地也进行了许多探索，特别是试点地区有了不同程度的进展，有些地区在政策上有重大突破。温州一些取得明显进展的地区，其经验给我们的启示是：民办教育发展必须领导重视，下大决心；必须立足现实，尊重规律；必须勇于探索，敢于突破；必须加强统筹，协同作战；必须狠抓落实，注重实效。他们的经验为中央决策提供了依据；为兄弟地区提供了借鉴；对民办教育界是极大的鼓舞。比如，在电视剧

《温州一家人》里所见到的特别能创业、敢为天下先的精神，在温州促进民办教育健康发展的过程中再一次得到验证。但是，还有相当多的地区和部门认识没有这样的高度，行动没有这样的速度，决策没有这样的力度，落实没有这样的强度。甚至，错误地解读法律和政策，在促进民办教育健康发展方面无所作为。

发展平稳，但优胜劣汰加快。2011年，各级各类民办教育承继"十一五"的发展态势，规模继续扩大。全国各级各类民办学校为13.08万所，比2010年增加1.26万所；各级各类民办教育在校生为3714万人，比上年增加320.9万人，增长9.5%。

从类别上看，总体态势是：民办学前教育规模保持较快增长，规模略有增加，民办普通高中规模基本稳定，民办中职教育规模下降比较明显，民办高等教育规模有所增加。民办培训机构总体规模在不断扩大，教育培训机构近两万家，有关部门估计各类培训机构已近10万家。

我国民办学校基本上是在改革开放之后再度重生，发展时间不长，积淀不够深厚，总体上还没有完全成熟。民办学校的实力和影响力总体上还难以抗衡公办教育规模不断扩大以及教育国际化浪潮的冲击。在激烈的市场竞争中，民办学校在优胜劣汰中分流，一部分进一步发展壮大形成强势品牌，另一部分规模日益萎缩甚至转让关闭，还有个别学校甚至被依法责令停办。发展不平衡的态势仍在发展。

方向喜人，但政策不够完善。目前，国家对民办教育的地位、作用和发展方针是明确的，促进民办教育发展的方向也是坚定不移的，但具体政策还需要进一步完善。民办教育相关法律的修改，国家领导机构关于促进民办教育发展的实施意见，均尚在酝酿中。因此民办教育界出现一种不够稳定的矛盾心态。部分地区进行了政策试点，取得了可喜的成果，但试点方案并不完全一致，对试点制定的政策也尚未形成统一认识。民办教育界希望能有关于分类、产权、土地、税收、师生地位以及管理等明确的政策表述,但又担心具体实施意见中优惠政策很原则,而管理规范很具体,最后相关文件实际促进发展的力度很小,压力反而加大。清理并纠正对民办教育的歧视政策鼓舞人心,但实质性的进展还令人期待。总之,民办教育需要在市场平台上发展、壮大和提高,因此,必须尊重市场规律,竞争是市场法则也是民办教育发展的能动的机制。近三十年来正是社会主义市场经济体制为我国的繁荣和民办教育事业的发展带来了无限活力,因此,宏观调控是必要的,但不能长期采用对民办学校限制规模、限制招生、限制收费等管理措施来规范市场行为,这并不符合市场竞争规律,也不是长久的政策。

自律加强,但办学不够规范。改革开放以来,民办学校从小到大,从弱到强,已成为社会主义教育的重要组成部分。随着市场经济的发展和社会需求的推动,民办教育在我们整个国民教育体系中占据着越来越重要的地位。在特定的社会环境下,民办教育发展模式呈现出多样化的特征,适应了国民对教育的多种需求。民办教育发展虽然困难重重,但通过不断的制度创新,目前已经基本步入规范发展的轨道。近年来由于各级行政管理部门的努力和市场竞争机制的推动,民办学校的自律水平大大提高。但由于民办教育发展基础不同,管理环境不同,市场竞争激烈等各种因素的影响,部分民办学校自身在诸如培养目标、办学层次、教学管理、队伍建设、社会信誉等多方面也存在着不少问题,要化解困境、提高民办教育质量,还有诸多难关有待突破。近期"多所民办高校证书涉假"事件广为社会所关注,发放虚假招生信息也仍在部分民办学校存在,民办幼儿园在连续出现"虐童事件"后,也引起社会的强烈反响,不仅引起对民办教育的责难,也严重地损害了民办教育的形象。当然,媒体也应当更加公正,引导社会、公众全面、准确评价我国民办教育所处的历史阶段,深化认识民办教育存在和发展的价值。

水平提高,但队伍不够稳定。在转型期,低速度增长的数量变化与高内涵高效益的质量变化相统一，已经成为民办学校发展的显著特点。因此，在适度的规模下转向提高质量的内涵建设上来，这是民办学校办学理念的转型。目前，民办学校的硬件设施已经大大改善。民办学校的教师队伍也在年轻化和高学历化方面有了很大改变，不少学校开始形成了自身的骨干教师队伍，师资队伍的变化是令人鼓舞的。但目前，民办学校的教师仍然处于弱势。有的专家用"不够（编制不够）、不高（整体素质不高）、不稳（流动性、随意性大）、不齐（水平参差不齐）、不顺（教师心态不顺）"来概括民办学校教师队伍的总体情况。有的专家将民办学校教师队伍现状归结为：结构不合理，队伍不稳定，待遇不公平，管理不规范，心态不积极。教师是学校教学和科研的主体，是完成教学任务和提高教育质量的决定因素。因此，建立一支相对稳定和有较高素质的师资队伍，是民办学校保证教学顺利实施和教育质量稳步提高的首要前提，也是民办学校实现新的飞跃的首要条件。

合作增强，但行业不够成熟。以中国民办教育协会成立为标志，民办教育行业概念逐步强化。协会和各专业委员会在引领行业方向，促进行业发展，增强行业团结，推动互利共赢方面做了许多工作。但是，共同树立行业的良好形象的观念尚有待强化。有的民办教育投资方过于单纯看重利益导致同行之间的恶性竞争，相互诋毁，相互挖走师资并由师资带走生源等现象时有发生，对由于自身的失误会给行业带来的影响也缺乏认识，使得行业形象受到影响。

党的十八大为民办教育的发展提供了机遇，民办教育也将面对诸多挑战，民办教育界应当通过深化改革，加快转型的步伐。

民办教育的三个坚持

当前，民办学校机遇性成功的机会相对减少，实力型发展成为主要途径。这是新形势下社会发展的需要；是民办学校生存环境变化的需要；是受教育者从对量的需求转向对质的追求的需要；也是新教育市场竞争环境的需要。民办教育界应当把握住继续发展的契机，凭实力进取显示出质的飞跃。

首先，要坚持目标明确，正确处理民办教育营利需求与教育事业公益需求的矛盾。

民办学校是公益性事业。因此，无论是否取得合理回报，无论是否确定为营利性，都要把育人放在第一位，都不能以营利为唯一目的。这是民办教育行业性质所决定的，也是民办教育行业道德所决定的。当前，正在进行分类管理的试点和研究，但无论最后如何决定，也无论举办者最后如何选择，育人第一的办学基本宗旨不能改变。学校可以有不同类型、不同特色，但都要有正确的方向，都要明确办什么样的学校，培养什么样的人，走什么样的道路。民办学校是社会主义教育事业的重要组成部分，为社会主义现代化事业服务是民办学校的办学方向；立德树人是民办学校的基本任务；与生产劳动相结合是民办学校的办学途径。因此，民办学校只有在坚持正确办学方向的前提下，才可能发展，才可能取得政府、群众和市场的认同，才可能提高社会声誉，也才可能使营利活动与教育的公益性统一起来。单纯以营利为目的的民办学校将丧失应有的社会责任，必然无法持久，最终将会被社会淘汰。

其次，要坚持优质发展，正确处理群众优质选择需求迫切与民办优质教育供应能力不足的矛盾。

民办学校单纯满足数量需求，是特定历史阶段的任务，目前有的领域这项任务已经基本完成，有的即将完成，有的可能还会维持较长时期。但归根结底，民办教育的属性还是选择性教育。失去群众的选择价值，民办教育也就失去存在的可能。因此，立足长远，为了生存与发展，必须以优质的教育、优质的服务来吸引生源，提高社会声誉。张瑞敏有一个"三只眼理论",很有道理,那就是民办企业的发展必须有三只眼:一只看市场,即社会需求;一只看内部,即加强自身建设;还要有一只看政策,看政府政策的变化。民办学校的举办者和办学者也应当有三只眼,要始终关注教育资源供求关系的变化,关注政府政策的变化,及时进行调整,以形成长期、稳定的发展态势。民办学校的一切工作均应围绕发展优质教育这个中心展开,促进学校教育的管理优化、教学优化、队伍优化。优质发展是民办教育发展的根本要求,也是人民群众日益增长的物质文化的首要需求。优质教育没有公办与民办之分,社会不能有体制歧视,民办学校自身也不能有自卑感,民办学校应理直气壮地创造条件,下定决心发展优质教育,树立办成名牌学校的信念和信心。当然,政府、社会也要对民办校创优质教育一视同仁给以关怀和支持。

此外,要坚持特色鲜明,正确处理公办教育办学模式与民办教育办学模式同质化的矛盾。

民办学校和公办学校,作为学校教育是相通的,但是由于投资主体和经费渠道的不同,民办学校除有一般学校的共性外,还有着极其鲜明的特殊性。目前在民办学校从事教育、教学和管理的干部、骨干教师基本上来自公办学校,需要有一个角色转换、角色定位和角色适应的问题。民办教育只有转变自身观念、办出学校特色,才能克服各种困难得以生存和发展。准确定位是民办学校内部诸因素中最根本的因素,民办学校要找到在教育大舞台上所充当的角色,确实成为一个教育品类的优秀代表,这样才能成为公众选择的目标。

教育改革已经进入深水区和攻坚区,党的十八大也为我们的改革和发展提供了一个窗口期,我们要按照十八大报告指出的那样,胸怀理想、坚定信念,不动摇、不懈怠、不折腾,顽强奋斗、艰苦奋斗、不懈奋斗,面对挑战,把握机遇,新的美好图景已经展现在我们面前。

在这个关键时刻,我们不要忘记30多年前的那批民办教育的最初的创业者，不要忘记他们创业的勇气，创业的艰辛，创业的魄力，创业的不朽功勋。尽管我们现在面对的挑战也是严峻的，但我们没有理由退缩，没有理由畏惧，我们要向民办业界的前辈学习，因为我们不仅是在举办着一所或者几所学校，更是在为完善中国的教育体系奋斗，为办人民满意的民办教育献身。我相信，我们全体民办教育工作者一定不会辜负人民的期望和时代的重托。

（作者单位系中国民办教育协会）

让民办学校都能自由办学

□ 吴　华

民办教育在期待中送走了2012年。"世界末日"没有来临,但人们期待的教育部原计划在2012年上半年召开的全国民办教育工作会议到年底终于也没有举行。其原因还是教育部和国务院相关部委之间在出台鼓励民办教育发展的若干关键政策上没有达成共识,由此传递的信息使民办教育的空气变得压抑和凝重。2012年全国民办教育发展大会在温州举行,规模空前,反映了民办教育界对民办教育未来发展政策走势的关注和期待。但是,大会交流信息表明,虽然受到国家高度关注的温州民办学校分类管理试点在继续进行中,但它所面临的"标准难题"、"过渡难题"和"转型难题"没有从根本上解决,试点的前景并不明朗。《国家中长期教育改革和发展规划纲要（2010—2020年）》明确要求的"清理并纠正对民办学校的各类歧视政策"也是"只听楼梯响,未见人下来",如何体现纲要中关于发展民办教育的"三个重要"的指导思想,在国家政策层面依然并不明确。

与此同时,一种不好的苗头正在出现和蔓延。一些地区以规范招生秩序为名对民办学校的自主招生设置了种种限制,如要求民办学校要事先申报招生范围、招生方式和招生规模,并且要在政府审批同意后方可实施,公然无视《民办教育促进法》、《义务教育法》关于民办学校办学自主权的相关规定,也是对《行政许可法》关于政府行为禁止性规定的挑战,民办教育正面临《民办教育促进法》颁布10年来新的发展危机。与民办教育以往所遭遇的发展障碍相比,对民办学校办学自主权特别是招生自主权的限制,对民办教育健康可持续发展造成的伤害将会更为持久和深远。在这样的体制环境中,民办教育只能走公办教育应试教育的老路,民办教育的制度优势难以体现,民办教育的存在价值也将大打折扣。

我有一个梦想,在一个不是太遥远的将来,中国应该成为自由办学的天堂,一切强加在人们身上的枷锁统统都被拆除,每一个人的聪明才智都能得到释放,中华民族的伟大创造力将再次令世界为之赞叹。在通向这一伟大目标的历史征程中,学校自由招生,学生自由择校将是必要的制度形态。毫无疑问,在2013年这一切都不可能实现,但让人们认识到自由对于教育的基本重要性,自主招生对于民办学校的基本重要性应该成为大家共同努力的方向。

(作者单位系浙江大学)

民办教育须突破两个政策障碍

□ 张铁明

今天的中国教育,确实应有"杀开一条血路"的气魄去改革,大力发展民办教育,坚决打破体制壁垒。但是,从全国层面看,教育行业发展还存在歧视性限制等制度障碍,要促进全国民办教育的大发展,必须再来一次思想大解放。

特别要关注或警惕的是,一定不能一边在"清理并纠正对民办学校的各类歧视政策",一边又制定出新的歧视性政策。今天,发展民办教育必须跨越两个深层次的认识"误区"。

突破"大办公办教育才是惠民"的政策障碍

一直以来,一些人把办好公办教育看成是分内之事,把中央的"财政向民生事业、向教育倾斜"的政策,仅仅理解为向公办教育倾斜。从国务院《关于当前发展学前教育的若干意见》提出了加快推进学前教育发展的十条政策措施后,各地政府纷纷出台加强公办幼儿园的政策。一时间关于认为"大办公办教育才是党的惠民政策体现"这一认识误区广泛流传。这是典型的没能摆脱计划经济体制束缚的传统观念。

事实上,大力发展民办教育也是惠民政策的载体。如广东省东莞市就决定采取财政扶持的办法,对全市公办、民办幼儿园教育"拉着走",这不但是全面解决学位短缺问题的好办法,也是用最少的钱办最大事的高效举措;它促进了民办教育的稳定发展,使政府有了一个规范民办教育的"抓手"。广东省人大常委会主任欧广源曾指出,"广东改革开放的经验就是充分利用社会的力量和民间的资源。花一个亿可以办一所公办学校,也可以办三所民办学校。同样的钱却有三倍的效益";"在教育方面,政府不能再大包大揽,应当放手给社会和市场去做";"可以满足一些优秀民办教师的入户指标,省里在搞外来工积分入户,学校骨干应适当加分"。欧广源建议,对于解决教师的福利待遇问题,"应做到一视同仁"。

按照现有的纯公办幼儿园的办园成本核算,除了会造成更大的教育不公以外,也将给财政造成沉重的负担。教育的普惠性不是只有高价投入的公办校(园)才能体现。如果我们能有"国民教育"思想,能用"一分钱掰成三瓣用"的高效益理财理念,全面扶持民办教育,不但可以更快地实现普惠性(学前)教育,甚至很快会为今后的国家普及性义务学前教育打下很好的基础,同时推动一批批公、民办精品学校(园)的崛起和成长。

突破"收学校的税是为民强国"的政策障碍

税收是政府对社会劳动作第二次国民再分配的重要手段。国家利用税收调节国民收入的相对均衡,并把它通过教育、医疗卫生、发展科技和国防、提高退休待遇、住房补贴、提供公共免费服务(政府、警察、司法),以及改善城乡道路、设施、环境,甚至直接用于货币资助等途径,把国家的关怀和福利惠及全体国民;同时也集中相当的财政力量向社会弱势群体倾斜,体现社会公平。政府通过财政支持的办法把社会主流价值观灌输给国民,而通过教育或学校以及其中的知识选择去实现,正是最关键的路径。

教育是国家福利的一部分,也是国家进行国民再分配的一种手段和结果。教育的结果是出人才,人才首先存在于社会,是为全社会、为国家贡献力量的。所以教育的公益性是无论何时何地都不会自然消失的"本性"。因此,教育也就成了政府财政的责任。税收和教育都是政府对社会劳动作第二次国民再分配的重要手段,彼此不能相互损害。

中国民办教育本来就是在政府财政面临困难背景下重新崛起的。民间资本及其拥有者,在国家困难之时为国家之大义出钱出力举办发展起民办教育;后来政府有钱了,倒过来要收取这些过去和现在都在帮助国家与人民的民办学校的税了。"收税是为民强国"这一硬道理在对待民办学校的生存和发展上,恰恰犯了一个严重的错误:

从情理上看是不合适的,这本来是你应该做的,你没做好或来不及做好,现在我帮你做了,怎么你就还要我交钱了,甚至于非得要我选择——要么全部无偿上缴国库即不要回报不要产权,要么就是企业待遇。结果是给全社会的印象是做教育做好事做好人难。

从现实上看也是不合适的,到现在为止,明明是还处在"初级阶段"的发展中的国家,偏偏单取发达国家的"非营利"的经,殊不知发达国家不仅不对私立学校经营结余征收所得税,而且还给私立学校教师发与公办学校同样的工资,学校的结余还可以给教师增加收入30%。

从法律上也是不合适的,无论是《义务教育法》,还是《民办教育促进法》都没有教育"利润"的概念,也没有鼓励"营利"的说法。

从结果来看也是不合适的,所有民办学校的资金进入市场都是有风险、有代价、有条件的,政府没能为她分担却要与她分利?政府一定要征税分利,举办者和学校也没奈何但有办法,就是牛毛出在牛身上——可见征收学校所得税的实际后果其实是加重了学生家长的负担,是剥夺或削弱了这部分家庭享受国民第二次分配中的教育资源福利的歧视性政策。

广东民办教育界曾先后两次呼吁免税,并都得到了省政府及省领导的理解。事实上,以上误区的跨越与突破,首先还是取决于政府决策者的态度与决策智慧。民办教育在财政与政治上的巨大贡献,正是考量每一个决策者行政"良心"的试金石。

(作者单位系广东第二师范学院)

让民办教育实现高位发展

□杨　坚

深圳福田区的民办教育正在由"满足需求"向"满足选择"转变。"教育成就民生幸福"的核心,就是老百姓要对教育满意,满意的关键就是要有选择,而选择基于两点:一是有选择权,二是有适合的学校来选择。

福田民办教育正在由"追求学位"向"追求品位"转变。追求规模的时代已经过去了,现在应迈向优质高端,创特色品牌。

福田民办学校目前的办学条件可能比不上公办学校,但基本上都是达标的。制约民办教育高端发展的关键在于教师队伍:一是稳定性问题,二是专业化问题。深圳前几年对民办教育唱的是"规范歌",近来唱的是"扶持歌"。扶持主要体现在刚刚推出的三大政策:"学位补贴政策"解决的是办学经费与办学条件的问题,还可以增强民办学校的吸引力;"长期从教津贴"有助于队伍稳定,解决的是教师"口袋"问题;"继续教育政策"有助于教师队伍的专业化,解决的是教师"脑袋"问题。

"学位补贴政策"目前有两种理解:一是接受政府委托的民办学校学生才给补贴,二是符合"1+5"文件要求的学生可以给补贴。建议福田区可以按第二种政策来执行,当然也可换一种形式,即"给券不给钱"——试行教育券制度。这是一次难得的"搭车"机遇,因为不用另起炉灶，制定新的政策法规了，省去那些繁复的程序。

当然，改革需要稳妥，可先在局部实施，按2∶1的比例，组合区域临近的，相对薄弱的公办学校和优质民办学校，家长可以凭券在公办学校内部，或者公办学校与民办学校之间选择。通过选择，办得好的学校就会门庭若市，办不好的学校就会门庭冷落。家长的评判是最有说服力的，是幸福民生的晴雨表，远胜过专家的评估体系和质量检测。

通过教育券制度，政府同等的投入，可以提高家长的满意度，因为把选择权还给了家长和孩子，把公办学校也激活了。校长不仅要做学校管理者，还要有经营意识，会当总经理，因为直面市场的选择和检测，家长和孩子的需求冷暖才会常挂心间，学校行政化自然就淡化了。实行教育券制度还可以使民办学校的"鲇鱼效应"得到充分发挥，因为民办教育的另一重要功能就是成为促进教育改革的重要力量。

以"从教津贴政策"为契机，从三个层面来解决三大问题：

1. 从教津贴与师德师风挂钩。教师资质不完善的，严重违背师德的，实行一票否决，借此提升行业的资质标准和道德水平。

2. 从教津贴与继续教育挂钩。"每年完成72学时的继续教育，应作为申领民办学校教师从教津贴的必达条件"。借此提升行业的专业化水平。

3. 从教津贴与"引进高人"挂钩。民办教育要高端发展，关键要有"高人"，现在福田区民办教育的高端人才偏少，一是有些举办者没有这个格局、气度、实力去聘请和容纳"高人"，二是民办学校的待遇及保障还没得到根本性的改变，"浅滩难藏龙，平阳难卧虎"。目前，改变举办者比较难，建议政府资助民办学校引进和稳定"高人"。先从校长开始：一给津贴，每年给每位校长10万元从业津贴；二给编制，每校解决1个编制。福田区有6000名教师，福田的民办学校只有10多所，也就相当于拿出1/600的份额，这也许可以激活全局。校长既是举办者聘请的，也是政府认可和委派的,如果这样,福田就会成为民办教育高端人才的聚集地;如果这样,深圳市乃至全国的民办教育"高人"就可能纷纷落户福田。多了"高人",高端教育才可能实现。

(作者单位系深圳云顶学校)

民办教育的"正道"

□ 汪兴益

孔子当年首创私学,就已经对教学目的、教学内容、教与学的方式方法形成了一套完整的思想体系;改革开放让沉寂多时的民办教育得以复兴,30多年来,民办教育行走在一条激情、张扬、博弈、阵痛的曲折之路上。

积淀不可谓不厚实,实践不可谓不丰富,然而民办教育的现状依然让人神伤和忧叹:生源的"血色争夺",师资不稳的无可奈何,社会认识的固化偏见,职能部门对民办教育的职责模糊,同质化竞争的节节败退。

是生存还是死亡?是无所应对,顺应天命,还是把握命运,自我主宰?什么样的民办教育才能把握自己的命运?换句话说,时代呼唤什么样的民办教育?

近年来,一些财力雄厚,规模宏大的民办教育集团有的崩盘瓦解,风光不再;有的势衰力微,颓势已显。人们记住的,恰恰是简陋的农村学校给中国教育带来了亮色和希望。江苏洋思中学、山东杜郎口中学,让人们记住的不仅仅是他们的名字,更是他们把中国教育带入了全新的创新型课堂的教学实践,让新课程改革所追寻的"以人为本""尊重主体""自主、合作、探究"等理念在课堂落地,从而形成了独特的内在品质。

时代呼唤有内在品质的民办教育。

民办教育内在品质的形成需要有超越世俗、回归教育本原的情怀和境界，离不开以人为本、发展学生的课堂文化，离不开温暖润泽的德育文化，离不开务实的管理文化。

2011年12月30日，袁贵仁部长在接受全国人大常委会教育规划纲要专题询问时，作了这样的表述："民办教育为我们国家教育发展做出了重要贡献，主要是三个方面：扩大了教育资源，优化了教育结构，促进了教育改革。""发展民办教育的思路就是要把民办教育作为教育事业发展的主要增长点，作为教育义务改革的重要力量。"而民办教育内在品质必须与改革相伴相生，从这个意义上讲，发展具有内在品质的民办教育也是国家的意志体现。

值得欣慰的是，当下许多民办学校在反思与比对之中选择了理性与冷静，他们利用自身不受体制约束的灵活优势，在"借道发展"或"自我修复"的过程中开始了实现塑造内在品质、自我图强的希望之旅，并且具备了区域或全国性的"差异化"优势和辐射效能，进入了良性循环。也许是"苦难的灵魂更加高贵"，民办教育人的栉风沐雨换来的正是中国教育的"正道"，引发了公办教育的思索。

最近一段时间，一个标志着行业成长、成熟与成功，旨在进行资源共享的中国民办教育"绿海战略"已经启动，相信有更多的民办学校"hold住"这个难得的机遇，锻造自己过硬的"内在品质"。

呼唤有内在品质的民办教育，是一种教育理想。

理想需要多长时间？距离孔子有2000多年，距离改革放有30多年，一个无比伟大的时代是否终将到来？

（作者单位系安徽省铜都双语学校）

民办教育正年轻

□ 高　林

民办教育,一个充满激情而又有些沉重、寂寞的话题。从昨天到今天,就这样一直寂寞而又充满激情地走在路上。

在我的记忆中,10多年前,正是民办教育激情燃烧的岁月,一批有志有为的民办教育者曾在这片教育热土上演绎着一个个精彩的传奇故事,一度给教育带来了清新的空气,让多少人为之惊喜,为之激动。然而5年前,在呐喊与挣扎中,民办教育忽然在一夜间变得消沉,最后几乎失去了这块带给教育新活力的前沿阵地。

在那些沉重的日子里,很多民办教育者彻夜难眠,在残酷的现实面前,一部分人失去了理想,一部分人为了民办教育的探索穷徒四壁,远走他乡……今天,再回首那几年,为了尝试民办教育,我们付出了多么惨重的代价!有多少人的人生轨迹因此而重新改写,有多少民办教育者的教育理想被残酷的现实一点一点地撕破……正因为这样,我才认为,经历过风雨洗礼的民办教育人,如果不从此觉醒、反思,将是个人乃至当代民办教育最大的悲哀与无知。

民办教育到底应该怎样以理想的状态存在和发展下去呢?

民办学校的发展需要地方政府的胸怀,需要"公办、民办一个样"的"大教育"胸怀。民办教育不需要政府投入却可以为国家承担义务教育的部分责任，从这一点上来讲，地方政府与教育主管部门要给民办教育更多的关心与支持。虽然现在很多地方已经在为民办教育提供了一些政策与经济支持，但还有更多的地方，民办学校连义务教育的免费教材都无法去与公办学校享受同等待遇。从整体上来看，与公办学校相比，民办学校的学校定位、教师定位依然尴尬。

民办学校的发展需要办学者的大度。民办学校要想以理想的状态发展生存，需要聘请有教育理想、管理智慧的人来做校长，来发展学校。管理学校需要教育思想的支撑、需要人文视野的关注，一位好校长就是一所好学校。所以民办学校发展与管理的关键是选好校长、用好校长。这都需要办学者有足够的胸怀，尊重校长的决策与管理。放权给校长，是办学者对校长工作的最大支持。

民办学校的发展需要校长的智慧。需要学校管理者对学校管理与发展的经营智慧，需要对教育理解与探索的人生智慧。这智慧来源于校长的思想，校长一定要懂得教育规律，懂得课程设置与新课程开发，懂得尊重教师与学生。学校对教师的尊重，体现在教师对学校的认可度上，在教师的眼里，学校应是我们大家的，不是校长与办学者的。一所有未来的学校一定是一所"让教师有归属感的学校"。

民办教育因为"教育"所以彰显她的神圣，正因为神圣，才不可以被亵渎，教育主管部门的胸怀、办学者的大度，校长的智慧都无不影响着当前民办教育的发展。而科学的管理、发展的智慧与创新的意识更是民办学校走向成熟的先决条件与走向成功的法宝所在。我们欣喜地看到，多年大浪淘沙后，仍有一些民办学校一如多年前一样年轻；我们欣喜地看到，经历多年风雨洗礼，有一批当年崭露头角的民办学校今天成了教育的参天大树！她们都是当代民办教育的骄傲，也是新教育的希望、理想所在。

而理想的民办教育，依然需要我们去探索、反思、交流。交流产生智慧，智慧带来创新，创新才会带来发展。

民办教育只有以理想的状态发展下去，才会一直保持年轻，希望年轻的民办教育因教育理想的存在不再孤独前行，努力创新，用教育的理想实现理想的教育，用我们的教育智慧继续创造民办教育的传奇！

因为——民办教育正年轻！

（作者单位系河南省新密市华龙学校）

民办学校的"生死学"

□王国平

目睹民办学校的寒寒暖暖、生生死死，我们只能凭借"生亦有道，死亦为雄"的感慨，为后来者白描出一条汗泪交织的或直或曲的轨迹，并让这条浸满奋斗、激情、摸索、彷徨、踯躅、无奈甚至悲情的路，在我们依然继续的前行中，留下前车后辙的教训、经验、警惕和启迪……

何为"生之道"？何为"死为训"？

正如托尔斯泰说的：幸福的家庭都是一样的，不幸的家庭却各有各的不同。民办学校在发展中也是如此，那些如今处于健康态的学校都有一些共性。如，原本就是教育人在办学，并由小到大，由弱到强，坚守着按照教育规律办教育的原则，做出了品质和特色，所以，活得很好。再如，财团或财力雄厚的非教育人投资办学，因办学态度端正，聘请了专家办学，没有急功近利，把社会责任放到首位，循教育之规，蹈管理之矩，所以，也必然会呈现出生机盎然的发展态势。纵观这些学校的生存之道，不外乎一条准则：走教育之大道，为社会而服务。

然而，我们今天必须要忍着痛苦，在不堪回首中回首，用曾经的"先驱"之教训，揭开民办学校如何走进败境的那些死路。

因管理不善而死

在初期阶段，只懂投资，不懂管理，这样的问题不足为奇。尤其是在家族成员全面介入管理的民办学校中，更为突出。曾有一所办在县郊的学校，启动时因周边学校资源缺乏，一时间迅速得以发展，生源超过了两千人。但好景不长，这位包工头出身、小学文化的董事长兼校长，携领了夫人、妻弟、三叔、二舅等系列亲属组建管理团队，不尊重所聘教师，不按教育规律办事，只按家规家法治校。到后来，人气退去时，他无奈中留下了一句话：如今的学校，只剩下食堂和超市赚钱了！

这只是诸多此类问题学校一例。而且，这一类学校的问题不仅是管理"不善"，更是用心"不善"，所以，其败局初始既定。

因路线走偏而死

曾有一所在20世纪90年代办得风生水起的大型高端民办学校，如今却奄奄一息。了解的人说，这位办学者很懂管理，尤其是善于把企业管理的思想和手段转用到学校中，并以制度化、程序化著称。特别是在招生工作中，直接把企业销售的理念和方法运用到位，包括"售前"、"售后"的服务机制，无可挑剔。但遗憾的是，他信奉着"招生工作是学校的生命线"，把学校整体工作重心放在了"销售"中，连"教育教学"这一"生产车间"的部分都不得已退居后位。

事实上，在民办学校早期发展中，这所学校每年都能创造出很好的招生业绩，但同时也在创造着"退生"业绩。当然，在动态平衡或动态增长中，那几年的日子还过得可以。后来遭致厄运是因为此路走偏了，没有尊重教育规律，走进了几乎是纯商企的轨道。所以，被教育和社会抛弃是必然的结局。

因盲目扩张而死

扩张和发展未必是一回事，做强与做大需要排序。这是一些民办学校走集团化发展留给我们的思考和教训。即便是一些有投资保证的学校，若第一所学校还没有做扎实，没有把教育核心竞争力做到位，没有把管理平台构建得很牢固,也没有做好集团化机制的准备,只是因为有钱就着手于规模扩张。这显然违背了"先做强后做大"的发展原则。尽管用市场语言说,这是抢占先机,但教育毕竟与企业不同,教育不允许尝试,学校所面对的受教育对象不可以"错了再重来"。

回望20世纪90年代中期在国内兴起的几个大型民办教育集团,其中有好些都在2005年前后陆续倒闭,尽管死因不同,但在心态膨胀这点上大同小异,而且,问题都出在"脚跟没站稳就开始往前跑"。

因滚动发展而死

多数民办学校提出"滚动发展",但这一概念本身就有问题。因为,一旦不滚动就出差错,就如自行车链条工作原理一样,链条停止滚动,车就会停下。早期民办学校因为过分依赖收取储备金,就出现过类似"掉链子"的事情,资金运行突然断层导致了学校经营难以为继。

因等待不前而死

或许这属于慢性自杀的问题,但这样的民办学校至今仍在。究其原因,无非是日子还能过得去,怀揣着"小富即安"的心态,就像那些患有慢性疾病的人一样,没有急症突临的危机感。一旦身边的公办教育"大力发展"了,一旦其他民办学校破局而出了,才惶惶然不知败局何来。

可喜的是,近年来,一些收费较低、办学艰难的民办学校正在觉醒,正在课堂改革上寻找突破口。例如安徽铜陵铜都双语学校、河北围场天卉中学、江苏昆山前景学校等,这些学校正在如火如荼地进行着高效课堂的教改行动,充分明喻了"穷则思变"的道理。当然,也是在拒绝等待的思维下找到一条最好的活路。

因低位循环而死

一直以来,低位循环模式下的民办学校不在少数。有时甚至只能用"浅呼吸状态"来表述此类学校的生命状态。低位循环的特点是"收费低、教师工资低、教学质量低",而且,这样的学校多为乡村民办学校或城市农民工子弟学校,是属于填补公办教育资源不足所出现的民办学校。所以,当公办教育得以发展后,这样的学校首当其冲。

河南有一所乡镇民办学校,办学者很努力,办学想法很朴实。多年来虽然运行艰难,但因费用低的缘故,生源还不错,尚能维持循环。但前两年,因为镇里建起了一所现代化的公办学校,导致了这所学校生源锐减,面临极度困境。这位校长的分析是,低收费决定了师资水平低,师资水平低又导致了教学质量低,教学质量低继续导致的是收费无法提高。所以,落到了今天的局面实属必然。我在为其诊断后不无感慨地说,你的低收费或许是道德理由,但不是市场生存理由,因为你没有提供优质教育。

另一个案例是,河南封丘实新学校,同样处在农田包围之中,却在同样的环境下办得风生水起,连周边县城的家长也"送子下乡",把学生送到这所偏远学校读书。这是为何?道理只有一条:学校办出了特色。办出特色收费就能够提高,收费提高了就可以提高教师的待遇,教师待遇上去了好教师就留得住了,有好教师再加上优秀的管理,学校就越办越好,走向正向循环了。

以上,浅析了6种民办学校的存亡问题,未必全面,只为引以为戒,只为给予我们前车之鉴,只为我们民办学校将来能够健康地走向正道、大道。

(作者单位系北大附中河南分校外国语小学)

切勿自投罗网

□扈永进

这些年，高校评估验收不时引发争议。著名学者贺铿在十一届全国人大常委会第二十四次会议联组会议上曾提出：对学校进行评估时，一般会提前两三年通知，这两三年，学校校长一是抓钱把硬件条件改善一下；二是与评委搞好关系，将来评的时候可以说说好话；三是弄虚作假，什么备课、教案、考试卷子等。最后，评完了也就过去了，没有任何实质性的帮助。所以，对于教学评估验收，学校里可以说是怨声载道。

相比高校，基础教育领域的评估有过之而无不及。从省市的一级学校评估到德育示范学校评估，从来就没消停过，学校想不弄虚作假都不行。几个专家，一天下来，就给一所学校做出一个结论，你想有多荒唐！问题是，这种荒唐事，大家都做得很认真。

贺铿把弄虚作假的危害解读为"学校怨声载道"，其实并不到位。教育和学校行为的所有后果，最后的承担者都是学生。当然，我并不想在这里展开相关的逻辑链条，从而达成对贺铿的求全责备。相反，我很欣赏贺铿的求实精神和勇气。要知道，在当今中国教育界，任何对评估问题的质疑，都很容易把质疑者搞成面对遍地风车的唐吉可德。任凭你再努力，能叫醒一群装睡的人吗？

愚公移山的故事启发我们：面对一座挡住你出路的山，其实有好几种选择。其一，径直上前搬掉它；其二，子子孙孙搬掉它；其三，感动上帝让上帝派人搬掉它；其四，采纳智叟方案搬家避开它。对应到教育评估上，前三个方案都无从采用。民谚云："惹不起，咱还躲不起吗？"这就是第四种选择的另一种表述。

"惹不起，咱还躲不起吗？"逻辑上是通的。但是，如果你是一所公办学校的校长，想躲？绝对没门。想想看，你的校长位子，是教育局给的，学校哪怕一分钱的办学经费，都是教育局拨发的。胆敢不参加评估，那不是明摆着和上级部门对着干吗？即便不做出这样一个吓人的界定，给你一个"不支持领导工作"的结论，一点也不冤。如此一来，惹的躲的，都不会有了。事实上，从来就没谁敢试过。

但是，这事儿在民办学校那里，却存在"躲得掉"的可能。

评估，照例是要申请的。但民办学校大可以不申请。在公办体系里，评估的结论，直接与学校评价相连。延伸牵扯下去，校长的政绩、教师的职称、奖金的发放，均与评估结果有关。而在民办学校，只要你"处心积虑"，想躲，还真躲得掉。

你的办学经费是学生家长提供的，这是你最大的底气。你可以自定薪酬，可以内部评职称，可以自己把握奖金的尺度，可以自己构建一套评价和激励标准。至于校长的任免，全在董事会，而与教育局无关。不参评会不会有人找你麻烦？未必。名额有限，众多公办学校趋之若鹜，你不去，基本上不会有人逼你去。

平时考试，别太在乎，反正，高考中考与这些个评估并不挂钩。要知道，参评是要耗费学校资源的，节省下这些时间、精力和财力资源，一股脑儿放在学生和教师身上，让他们受惠，自然会提升学校的教育服务水准。教育服务提上去了，学生成长了，家长满意了，口碑传开了，学校也就成功了。所以，实在没有自投罗网的理由。

别太看重所谓官方的评价。我的看法是,送孩子就读民办学校的家长,这门功课早就做过了。进不去公办学校而来的,照样进不去。放弃公办学校学位而来的,自然怀有某种"不一样"的期待。你的使命,就是尽可能满足他们的预期。只要你做真人办真教育,你的消费者自然满意。

北大教授张维迎说过一句话:"市场经济需要政府监管,但对政府监管力量的使用应当尽量地节制,否则便很容易掉进监管的陷阱。"权力存在强烈的克隆与扩展本能,教育权力亦然。纵观古今教育,放眼世界名校,没有哪一所好学校是政府拿鞭子抽出来的。将诺贝尔奖获得者亚马蒂亚森置于教育背景,其必曰:"扩展自由是教育发展的目的,又是教育发展的主要手段。"民办学校,你还要自投罗网吗?

(作者单位系广东省广州市广外附设外语学校)

发展民办学校生产力

□ 赫 苏

民办学校难办,主要是学校教师及其管理出了问题,导致学校发展生产力乏力和学校生产关系不和谐。社会的发展由生产力和生产关系的矛盾运动决定,就学校发展来讲,也是由学校的教师整体所表现出来的育人生产力状况决定的。

民办学校由于其"亲民"性,更应好办,也应该办好,这一点在发达国家早已得到验证,比如美国的哈佛、英国的伊顿公学就是代表。但在中国,许多开局不错的民办学校,却往往走向了"死胡同"。为什么呢?

内外因对立统一是万物变化的原因。就内因来讲,民办学校难办,主要是学校教师及其管理出了问题,导致学校发展生产力乏力和学校生产关系不和谐。社会的发展由生产力和生产关系的矛盾运动决定,就学校发展来讲,也是由学校的教师整体所表现出来的育人生产力状况决定的。这里的教师"生产力"又取决于教师专业技能、育人手段、学校设施及育人行为的科学性和持续度等。如果教师群体业务素质高,育人理念科学、育人手段优效,那么其育人生产力水平就高,育人成果也就会好。在民办学校,所聘教师主力往往是公办校已退休人员或新毕业的学生,这些人育人的生产力显然会大打折扣。更让人担忧的是,民办学校教师的不稳定性使有点"生产力"的人才会不时地流走,在中国"考公热"、"考编制热",反映了"公"字单位的强大吸引力,无形中为民办学校的发展设置了障碍。在民办学校工作一段的年轻人受编制的吸引,在练出了一身"本领"后,往往通过考编"飞向"公办学校。如此不稳定就成了民办学校自身很难解决的问题,制约了民办学校教师育人生产力的实现和持续提升,也让本来可以发挥自己管理灵活的优势只能停留在理论上。不仅如此,急功近利的盈利心态又制约着学校在课改以及学校长期发展上的"投资",这就使得民办学校"生产力小苗"很难顺利成长,弄不好甚至会自生自灭!

同时,影响民办学校发展的还有其难以和谐的学校生产关系。民办学校教师往往来自四面八方,短时间内很难达成同一价值取向。对学校发展前景的担心、对其他人的排斥及惧怕竞争心理等都会促使教师间"和谐度"走低,而教师内心深处打工心理的干扰,也使学校教师人际关系紧张、向心力减弱。在此情况下,教师生产关系难和谐在短期内就成了必然。

生产力与生产关系是对立统一的,民办学校乏力的育人生产力与不和谐的育人生产关系,使学校降低竞争力,进而走向恶性循环,使民办学校难办。

首先,内因中的学校管理不科学,也很大程度影响了民办学校的发展。民办学校由于是个人或团伙出资举办,决定了其管理往往脱离学校发展规律的要求,管理模式不是"独断式"就是"家族式"。而且由于大多举办者离"教育家"太远,即便是聘请了名校长,又往往处理不好"老板"与"管理者"之间的关系,使得学校管理首先在高层就出现了"内耗"。其次,由于管理者自身特殊的身份,往往影响他们自身的定位——不是超越老板的约束,就是游离于管理之外,加上管理者自身权力的有限性,也就会大大降低其"管"和"理"的力度和效率,进而不可避免地使学校"生产力"和竞争力失去保障，有的管理层不断走向解体，也就成了常事。

就外因而论，社会的认可和有关部门的支持是民办学校难得的资源，但现实往往是社会不太信任，有关部门也多持怀疑乃至敌意的态度。许多本来发展不错的民办学校，由于得不到社会和相关部门的支持，变得举步维艰。这种现象既不利于民办学校自身的发展，不利于整个教育的良性、多元发展，也很难激活整个教育资源，从而影响到教育发展的后劲。

其实，民办学校不是新事物，更不是可有可无的点缀品！没有民办学校，社会就会失去文明之源和发展的丰富性，古今中外，概莫能外！在中国，令国人自豪的圣人——孔子，不就是民办学校的校长兼教师吗？不正是这个地地道道的民办学校教师用他的坚守和探索开拓性、创造性地工作，才奠定了中华文明的思想文化基石？我们今天之所以能享受《论语》的文化滋养，一定程度上得感谢当时的各诸侯对当时的"民办学校"的"关照"。

民办学校的巨大潜力和影响力，还可以从国外的一些顶尖学校如哈佛、耶鲁等凸显出来。我们的国家又需要大批合格的民办学校来发展教育——"教育规划纲要"已经提出"民办教育是教育发展的重要增长点"。我们期望着中国能出现"哈佛"式的民办学校，但眼下还需要营造"中国哈佛"产生、发展的社会环境；同时，作为民办学校举办者，更要精心处理好学校生产力和生产关系之间的关系，要用过人的胆识和智慧，用心培育、呵护基于课堂改革而疯长的学校生产力和生产关系，让他们像两个车轮一样载着富有创造和生机的学校，奔向教育的天堂！

（作者单位系河南省郸城县才源高中）

民办教育要有乌托邦精神

□ 罗刚淮

在中国，最深刻的教育改革其实并不是课程改革，至少并不只是课程改革，而应该包括打破一统天下的政府办学格局的变革。办学体制源于社会对教育的理解和需求，并集中作用于学校的管理与教育教学，决定着学校的课程与实施。民办学校的出现，实际上就意味着办学体制发生着根本性的变革。从20世纪90年代初的"积极鼓励，大力支持，正确引导，加强管理"十六字办学方针，到《社会力量办学条例》、《民办教育促进法》的颁布实施，民办教育正逐渐成长为中国教育一支重要的生力军。

民办教育需要用鲜活的事实来证明自身的价值——其不只是填补公办教育空白的配角，还是一支在逐渐成长的重要力量，在国民教育中发挥着重要的作用。民办教育如果只是将自身定位在"公办教育的补充"角色上，就只可能扮演一些诸如培训教育、民工子弟教育、成人职业教育等补充的角色；只有将自身定位为"教育改革发展的试验田、先进教育理念的尝试所、系统教育改革的实验区"，才可能依循社会发展的需要，在公办教育所不及或不能的地方做出自己的贡献，形成自己的特色品牌，成长为优质的教育，甚至成为真正的教育先导，引领教育事业发展的航向。我相信，这才是国家和政府着力于教育体制改革所实际寄予的深远期待。因此，民办学校的理想、定位和发展目标，决定着学校发展的方向和办学品位，决定着学校的责任与使命，决定着民办学校的未来。

民办学校应有必要的乌托邦精神，除了先进的办学理念，更应该有勇于尝试的勇气和敢为天下先的魄力。其实，教育是一项有目的、有计划、有步骤的活动，是一项充满理想主义的事业。对于学生的教育，教师总是按照想象中的理想图式进行培养，尽管经过学生个人的自我选择、周围环境等多方面因素的作用，学生并不一定完全按照教师设定的路线发展，但仍然不可否定，其对学生的发展起着积极而深刻的影响。因此，教育工作者必先有教育理想和追求，才可能对学生实施影响，为学生提供先进的、优质的教育服务，从而实现学生的成长进步。与其相反，如果民办学校教育者没有乌托邦的思想，过于局限于现实的泥淖而不自拔，民办学校也只会沦为普通公立学校的附庸，成为可有可无的替代品，民办教育将会沦为平庸的教育。

教育界流传着这样两段公案，一是"李约瑟之惑"，说的是1944年英国皇家科学院院士李约瑟博士提出："中国的古代文明为什么没有孕育出现代科学技术？"二是"钱学森之问"：为什么我们的学校总是培养不出杰出人才？从"李约瑟之惑"到"钱学森之问"，我们不妨从教育身上寻找问题的答案。作为民办学校，有着办学自主、思想自由、理念先进、管理高效等诸多便利，如果不能心怀理想，积极探索解决上述公案的途径，而只是复制常规的学校，自甘沦入普通学校之列，岂非可惜可叹？所以，作为民办教育工作者，应该怀有远大的教育理想和敢为人先的魄力，披荆斩棘，先行先试，探索出真教育、真学校的路径，以此不辜负时代所赋予的责任和使命。同时，教育者也可借此成长为真正的教育改革家、教育实践家，为教育事业的繁荣发展，为人生的自我实现做出积极的努力。

民办学校冠以"民间"办学，空间寥廓，舞台广阔，因此也使得不少学校像阔野里的旅人，因为失去参照物而茫然失去方向、骄傲自大或踯躅不前。理智的民办学校，能于纷繁的现象中明晰历史的使命和发展的方向，有科学的规划和果敢的行动、审慎的探索以及务实的追求，这一切，都离不开其自身的理想，离不开民办学校教育人的梦想。心有多大，舞台就有多大。对于生活在民办学校里的教育追梦人来说，梦想无疑是最好的激励和鞭策。也唯有将很多人的梦想和智慧逐一落实，才可能创建出真正理想的民办学校。而那样的民办学校，一定不只是理想的"民办"学校，更应该是真正理想的学校，是一个能使人在未来、在当下都能享受到幸福的地方。

（作者单位系南京师范大学附属中学江宁分校）

民办教育要建设"四场"

□ 郑冠坤

当下，民办学校有四个基本问题需要解决：一是不被主流教育接纳的弱势感，二是缺少交流平台的孤独感，三是难以发展创新的迷茫感，四是公办学校整合优化带来的危机感。要解决这些问题，民办教育行业组织可以发挥更多的作用。

其一，帮助民办学校营造发展的气场。

所谓气场，就是一种包含着明确信息的氛围，气场越大，影响就越大，市场也就越大，发展的机遇就越多。因为公办教育占主导和主流地位，各种主流教育媒体、主流宣传阵地成了公办教育的放大器，民办教育则成了点缀。如何摆脱这种被动局面呢？民办教育行业组织可以通过自己的内刊、网站、会议等工具和阵地，打造一个让大家有兴趣、有机会、有能力表现自己，能发出大众声音的平台，让散乱弱小的声音集中发出，形成共振，而这种声音传递的应该是令大家刮目相看的精彩、成功、个性的积极信息。这需要打破常规的行政思维，大胆创意，这个平台可争论、可展示、可激动、可愤怒、可表白、可倾诉、可表演、可观摩、可评论、可解读。通过不同形式、不同方法放大声音，放大覆盖面，聚焦关注、聚集观众、聚合人气，当然也就突出了主体，放大了形象。

其二，帮助民办学校营造发展磁场。

民办学校要发展壮大,就必须有自己的魅力所在,有自己为大众所向往的磁力所在,磁场效应。一所学校让自己产生影响的"仙"、"龙"何在?需要办学者自身思考,更需要我们的行业组织去引导,去点化。

我有两个建议,一是行业组织每年要对自己管理的民办学校进行特色个性普查之后,确定推出一批特色各异的品牌学校,然后组织解读、研讨、表彰、推广。公办大学有"211工程",公办高中有省级示范,初中小学有市直、区属之分。民办教育行业组织为什么不借鉴一下呢?民办教育行业组织每年推出的特色学校,不能仅仅命名挂牌了之,要进行文化设计,深入宣传。要让这些学校:立得起、站得稳、走得开、唱得响。

二是要组织一批专家队伍对这些学校进行文化梳理提升定位。一个学校的磁力在于它的文化,专家们要从理论到课程,从课程到课堂,从课堂到资源,从资源到平台,从平台到队伍,系统地给予规范明晰,真正打造民办教育的"211工程",让这些学校成为大众观察审视民办教育的窗口。没有高度就没有视野,没有视野就可能产生误读。

其三,帮助民办学校营造发展的主场。

《中国教师报》在教育新理念推广上给了民办学校一个很好的启示。它组建了中国名校共同体,联盟的主场是杜郎口中学,为了放大主场,它又在各省区建立了培训基地,这个基地又是区域的主场。我们的民办教育行业组织能否在自己地域确定主场所在呢?物流业都有批发市场集散地,民办教育因为松散、弱小更应该有自己的领头雁。这样的市场要承担重要活动,要成为研究交流平台,要帮带指导一批学校,要产生有广泛意义的经验,要抢占教育发展的制高点。只有这样,民办教育才有自己的魂魄、自信和力量。

其四,帮助民办教育营造发展的市场。

市场有这样几个特点:一是物资丰富,有交易的可能;二是流通渠道便捷；三是市场供求信息明确，销售效益好；四是从业人员多，消费群体大。

行业组织要围绕市场的特点去做市场，民办学校的流通便捷，就是相互间的沟通交流、切磋研究、帮带合作，形成有效机制，达成自然默契。民办学校的信息准确，效益好就是深知自己的教育需求，知道自己需要的资源在哪里，知道用什么方法去获得，同时又知道用什么方法去输出。如果能做到这种水平，当然从业人员就多了，市场就做大了。

行业组织的任务就是建立架构，打造平台，创造机会，调研评估，发布信息，及时引导，弘扬典型，带动全局，能够从这四个方面入手去策划、创意、设计、引导、推进，民办教育就能够自立于中国教育之林。

（作者单位系河南省新密市新世纪学校）

危机与愿景

□李雪梅

作为一所民办学校,强调危机意识与描绘美好愿景,哪一种方法更能凝聚人心?显然是后者。但是,在现实管理中,不少民办学校的管理者都喜欢强调危机意识,而不懂得描绘愿景。于是,学校里人心浮动,团队凝聚力下降,却不知道原因出在哪里。

某市有一所新建的民办学校,首次招生场面火爆,令办学者喜出望外,他们没料到社会对全日制寄宿学校的需求竟然这么旺盛,于是,实际招生人数远远超过原来的招生计划。一阵手忙脚乱之后,学校终于安定了,教育教学秩序基本恢复正常,该进入发展内涵、提升办学品位的阶段了。但是,学校领导看到又有好几个投资数额更大、宣传调子更高的民办学校正在筹建,它们很快将会成为自己的竞争对手,领导们心里便不安起来。在更多的人希望"切分蛋糕"的形势下,自己的学校能够立于不败之地吗?

应该说,作为一所民办学校的董事长和校长,有危机意识是对的。"忧劳兴国,逸豫亡身",居安思危应该是民办学校领导人最优秀的品质之一。但是,管理者的这种担忧,应该转化为遵循教育规律,发展学校内涵,提高办学品位的巨大动力。毕竟,学生家长对内涵深厚、有利于学生健康成长的优质教育资源,总是心向往之的。学校办学品位提升了,自然会立于不败之地。遗憾的是，这个学校的领导却把这种担忧向教师转嫁，希望教师能够为之分担压力，实在不是明智之举。

我们知道，民办学校的优势在于用人机制比较灵活，不像公办学校那样僵化。但是这种比较灵活的用人机制，也是一把"双刃剑"，它能让学校认可的人才快速上岗，能自主解雇不愿意继续聘用的教师，但同时也可能使本校教育教学水平高的教师被别人毫不费力地挖走。更可怕的是，这种灵活的用人机制，会导致教师缺乏安全感与归属感，严重弱化学校的凝聚力与向心力。正因为如此，民办学校的领导，试图通过强化危机意识来激发教师做好教育教学工作的积极性，但往往事与愿违。因为，管理者越强调竞争对手增加，教师就越感到自己工作选择余地大。民办学校办得多，对办学人和校长来说是危机，但对教师来说可能就是增加了机遇，他们可能会产生"东方不亮西方亮"的想法。因此，民办学校的领导过分地强调办学危机，反而会在一定程度上导致人心涣散，给竞争对手提供机会。

从某种意义上来说，民办学校的竞争，就是师资队伍的竞争。谁的师资队伍稳定，凝聚力强，谁就会成为竞争的胜利者。而稳定师资队伍的最好办法，除了让教师感到待遇良好之外，更重要的就是要让教师能够看到学校发展的美好前景。因为教师们明白，学校待遇与学校的发展前景密切相关，倘若学校萎缩了，甚至办垮了，学校的财源枯竭了，再高的待遇也无法保障！因此，让教师看到学校的美好前景，才是凝聚人心的最好方法。

一位知名校长认为，学校领导对教育的认识和学校发展最核心的愿景，是学校文化内涵的核心。学校管理者对学校发展的愿景，以一幅清晰的蓝图呈现在师生面前，就会形成凝聚人心的巨大力量。无论是张建平的求实中学、卢志文的翔宇教育集团，还是丁祖诒的西安翻译学院，无不是通过描绘愿景，激发起全体教职员工的向心力、凝聚力，推动了学校的发展。由此可见，愿景对聚拢人心是非常重要！

因此，感受到竞争压力大的民办学校管理者，一定得跳出强调危机、让教师分担压力的认识误区，认真研究学校发展的有利因素，研究教育规律，给教师描绘学校发展的美好愿景，才会让学校不至于在激烈的竞争中败下阵来。

（作者单位系河南省洛阳市第 49 中学）

教育精神与市场智慧融合的民办学校

□ 伍阳斌

民办学校的成长，或遇顺境，或遇逆境，或高潮迭起，或低谷回旋，这是常事，因为事物的发展不是一帆风顺的。如何直面现实有化解之术，如何开创未来有谋划之策，如何经营自身有守志之魄，在顺境时积蓄有利基因，在逆境时开拓生存之途，关键就在于学校能否将教育精神和市场智慧有机结合，沉下心，守住本，借好势，养好气。

面对浮躁、浮夸、浮华的社会心态和功利之风，民办学校需要静心气。

民办学校虽然是民营私有，但必须清醒地认识到自己办的是学校，是教育，公益性是其主体特性，育人成为核心任务，向社会提供优质特色教育成为发展的根基。所以要遵循教育规律，遵循人才成长规律。不浮躁，不浮气，不浮夸，始终静下心来，沉下气来，俯下身来，守住教育精神，守住育人主题，用心付出，专注本位，有一股子"咬定青山不放松"的意志。这样才能成就自身内涵的丰富，成就自身实力的壮大，成就自身存在的社会价值。

办学的过程，应该是教育精神和市场智慧有机融合的过程。把自身该做的事情，如学校规划、发展策略、保障措施、课程研发、教学研讨、校园活动、课堂教学、教师培养、家校服务、寄宿生活等平凡事、普通事、细小事做到位，做到精致。这不仅有教育品质，也会有教育市场。面对喧嚣的物欲，沉心，沉静，沉稳，可以抗拒诱惑，能够平衡得失，少一点功利之心，多一分公益之心，为学校发展注入活力，保持学校肌体健康，守住教育高贵的灵魂，学校会长久拥有一片蓝天。

面临竞争与挤压、生源师资困境的现状，民办学校要培士气。

目前，政府对民办学校扶持力度并未到位，民办学校与公办学校具有同等法律地位、民办学校教师与公办学校教师具有同等的法律地位并未得到真正落实，民办学校全靠"自我造血"，靠收取学费维持运转和发展。这诸多的问题，致使民办学校的"生长脆弱"，民办学校教师的心理、神经同样脆弱。一旦遇到办学经费吃紧，工资发放延缓，一旦招生遇到波折，没有达到预期，一旦管理上出现什么疏漏，产生什么纠纷，一旦遇到公办学校教师调资增薪长待遇，教师们的心理波动也就随之产生，对学校生存发展的忧患便集中显现，出现不信任、失去希望而士气低落的状况。

对此，首先是投资方、学校、管理者、教师之间，要建立信息公开、信息均等平台和机制，让每一个人明白学校整个经营状况，明白学校面临的挑战，明白问题的根源和程度。其次，要反复论证，科学规划，设立合理目标，提高工作效率，用"看得到的结果"对全体员工进行"成就导向"。再次，思考学校的心力、智力、物力、财力究竟应该汇聚在何处？是否聚焦在学校发展的核心点上，是否致力于解决发展瓶颈。第四，考核评价以人为本，以发展为本。需要问计于民，取智于民，信服于民，营造良好的、健康的、可持续发展的人文氛围。

为体现自身价值，争取地方支持，激活有利因素，厚实发展基础，民办学校要接地气。

植物沾不到地气，便很难存活。这个道理，也适合民办学校的生长过程。一是根据地方环境和资源优势给学校的发展与走向定好位。二是要建立和利用好地缘关系。征求地方、区域各方面的关怀、支持、帮扶。接不到这一"地气",没有地缘体制机制的力量,没有地缘人脉,自然就失掉了发展的根基与后劲。

成都市三原外国语学校办学之初,性质为市直管民办学校,属于市六城区学校,生源也大都来自六城区。六年后,实行属地化管理,由于校址在郊区,应该归属郊区教育行政部门管理。"属管"初期,学校没有重视这个问题,没有快速与地方"无缝衔接",致使地方管理部门、服务部门、地方学校、老师甚至家长,对学校产生了不少的误解,甚至不认同。学校诸多方面工作出现了"断代"、"空档",这给学校发展带来了极大的不适应。通过五六年时间自身角色的调整、发展策略的调整、生源结构的调整和真诚的"内交活动",才在各方面与地方真正建立起正常的关系,各项工作才得以顺畅。我们进行了广泛宣传、政令呼应、业务支撑、公益讲座、校际交流、教学研讨、跨校科研、合作论坛、提供帮助、资源共享等形式,融入地方,交友他校,减少了隔阂与误解,增加了互信与支持,在社会上也树立起了自己的形象,给学校发展营造了和谐的外部环境氛围。

这一过程既证明接地气对学校发展的重要性,也说明接地气贵在自我谦卑,自我调适,自我融入。

在处理内外各方面事务细节时,民办学校需要养大气。

办学无小事。即使是过程中的小事,处理失当,对民办学校来说,影响都极为深远。对学生、对老师、对家长、对社会,或承诺,或履职,或尽责任,或提供服务,都要体现言而有信,言行一致,不敷衍,不推诿,不出尔反尔,具有大气魄和大家风范。如凡事"利"自当前,私心膨胀,处处斤斤计较,事事唯利是图,小家子气十足,何以体现自身的人文情怀、奉献精神、服务姿态?如何让师生、家长感到学校的气魄和境界?

学校应自觉维护师生尊严,自觉维护社会形象,自觉捍卫社会正义,并努力成为当地先进文化、社会文明的窗口。学校的治校理念,管理制度,运行机制,办事流程,考评办法,甚至机构设置,人员匹配,岗位职责,都体现改革创新,体现以人为本,体现效率优先,代表发展方向,传达出现代气息、时代风尚。

大气还表现在民办学校培养出来的管理者、教师、学生的素质上。这个群体也应自有其精神风貌,有眼界,有远见,有活力,充满朝气,表现出不卑不亢,严谨认真,积极进取的人生态度。

(作者单位系四川省成都市三原外国语学校)

第伍辑 行动者的交锋

当一些民办学校办学者习惯于抱怨外部环境时,我们是否需要反躬自省,民办教育自身是否实现了机制创新与办学模式的突破?当我们在大谈特谈特色建设时,我们是否意识到更多的民办学校只是公办学校的翻版,是否意识到民办教育自身的创新能力的薄弱?当我们习惯于在竞争中打败对手时,是否意识到只有对手的强大才能促进自己的强大?民办教育需要一场深刻的批判与自我批判,批判不是目的,目的是为了更好地出发。

民办教育"批判与重生"

2011年6月15日上午,由《中国教师报·民办教育周刊》主办、河南省民办教育协会基础教育工作委员会协办的"第三期民办教育主题沙龙"在郑州市高新区立才实验学校举行。与会嘉宾围绕民办教育"批判与重生"这一主题进行了集中探讨。

嘉宾:

王红顺　河南封丘实新学校发展顾问
王国平　北大附中河南分校外国语小学校长
牛新哲　郑州睿源外语培训学校董事长
孙银锋　郑州艾瑞德国际学校董事长
孙献民　河南尉氏民开中学校长
刘　彬　河南商丘中学校长
刘松钦　郑州市高新区教育局教育科科长
郑冠坤　河南省新密市新世纪学校校长
高　林　河南省新密市华龙学校校长
张运锋　河南建业小哈佛小学校长

主持人:

褚清源　《中国教师报·民办教育周刊》主编

主持人：民办教育走过了30年的发展历程，始终是在与政策博弈的过程中渐渐成长起来的。这一过程中，我们欣喜地看到，民办教育群体中涌现出了一批成功的办学典范，走出了一批干事创业的民办教育代表人物。但是，今天，当一些民办学校办学者习惯于抱怨外部环境时，我们是否需要反躬自省，民办教育自身是否实现了机制创新与办学模式的突破？当我们在大谈特谈特色建设时，我们是否意识到更多的民办学校只是公办学校的翻版？是否意识到民办教育自身的创新能力的薄弱？当我们习惯于在竞争中打败对手时，是否意识到只有对手的强大才能促进自己的强大？

民办教育需要一场深刻的批判与自我批判，批判不是目的，目的是为了更好地出发，是为了浴火重生。我们此次沙龙锁定三个关注点：一是当前批判民办教育的现实意义是什么？二是我们要批判民办教育什么，民办教育自身存在哪些局限性和劣根性？三是民办教育何以破局，民办教育突破自身局限性的路径与方法有哪些？

民办教育自我批判的现实意义

郑冠坤：民办教育工作者需要有忧患意识。当下，我们需要分析民办教育的危机，审视民办教育的困境，正视民办教育的局限，思考民办教育的定位，以此为民办教育的第二次创业、角色转型和文化重建做好先期的思想准备和智力支持。

公办教育的布局调整、资源均衡，实质上是小康意义上的第二次普及，是基础教育的第二次创业，是普遍意义上的优质化推进。国家第一次普及的低起点，给民办教育留下了"拾遗补缺"的机会。以粗放对粗放，以低标准对低标准，民办教育以其灵活与优质服务赢得了生源与发展机会。第二次普及以定点、规范、优化为目标,这大大压缩了民办教育粗放加服务的生存空间,危机当然是一连串的。

王红顺:民办教育需要凤凰涅槃,需要浴火重生,而自我批判是实现凤凰涅槃和浴火重生的一个过程,自我批判是自我扬弃,批判的过程必然是经历阵痛的过程。但是,要知道痛而后思,痛而后动,痛而后方能生。我曾对民办教育有一个评价是"哀其不幸,怒其不争",也许有人会觉得这样的评价有些偏执,而我意在敲击民办教育的痛处,因为民办教育目前尚未走出自己独特的发展之路。

王国平:自我批判应该是民办学校成长的"清醒剂"。尤其是在对比公办学校的长项之后,民办学校若能找到自身存在的短板,这将为持续发展提供更为明确的方向性引领。

也许我们以360度的视角来审视民办教育可能更为客观。我国的民办教育是在国家缺钱的背景下复兴的,因此一直存在民办教育"补充说"的说法。20世纪90年代,风生水起的民办学校,特别是高端起步的大型民办学校,其硬件条件和教师工资,相比公办学校都要好得多。然而,时过境迁,随着政府教育投入的加大,许多新建的公办学校远远超过一般民办学校的校舍环境和设施设备水平,与此同时,公办学校教师的工资不断上调,民办学校原来所谓的优势不明显了。在这样的背景下,民办学校路在何方?民办教育能从边缘走向中心吗?

孙献民:民办学校"批判与重生",这是一个值得深刻思考的命题,并且应该是民办学校时刻铭记的。批判不是目的,目的是为了"重生",批判的过程就是自我觉醒、自我修正的过程。现在要明确的是"批判什么"、"怎么批判"、"谁来批判"。我认为,民办学校需要由学生、家长、社会和主管部门来批判,我们民开中学一直欢迎各级领导来检查指导,对学校而言,每一次检查都可能暴露出一些问题,每一次检查都是一次改进和完善的机会。关于批判什么和怎么批判的问题,我认为,批判不是打击，而是建设，是帮助发现问题。

民办教育存在的"短板"

王国平：民办教育要找出路，首先要敢于正视自我，敢于自我揭短，自我否定。民办学校自身至少存在六大短板。一是投资者外行干政：一些投资者自己并不懂教育，可偏偏还要"当家"，直到把校长弄得不知所措，把教育管成商业，把学校管得乱套。二是公信度不足：民办学校很年轻，缺少历史业绩的支撑，缺少社会广泛认同。于是，极尽包装之能，做广告，挂招牌，搞名堂，甚至出高价到数十万"买能考入清华、北大的学生"，这是继续损毁自身的公信度的行为！是杀鸡取卵！是自杀行为！三是教师待遇问题：不仅仅是工资的高低，更多是缺乏社会给予的公正地位，同样都在从事教育事业，同样的教书育人，公办学校教师坐在退休后能拿到可观的退休金的"金交椅"上，民办学校教师却只能坐在"到点"后拿企业养老的"冷板凳"上。何谈公平？师资怎么稳定？四是过度商业化：一些民办学校糊涂在这点上。在市场机制下，按企业管理学校，按商业包装学校，天天喊着"招生就是生命线"、"家长就是衣食父母"，以至于根本找不到教育的轨道在哪里，使学校的"灵魂"出窍。五是生源质量差：这是一个最普遍的短板，是公信度不佳所致，是办学缺乏成绩基础所致，甚至有不少学校办学多年了，几经寒暑下，一直没有用内功来逆转这一运行方向。所以，在招生中始终处于跟在公办名校影子后面"吃剩饭"的窘局。六是教师超负荷：民办教师很累。原因诸多，有寄宿学校工作时间长的理由，有封闭式管理难度大的理由，有办学者刻意向教师工作量要经济效益的理由。时间久了，谁能熬下去？

张运锋：在办学目的上要批判功利主义：如何看待功利主义？我认为办学者追求一部分合理回报是正常的，但是在有限的资金内，要把更多的钱投入到学生和老师身上;在办学特色上要批判跟风主义:学校特色和特色学校是两个不同的概念,特色学校应该是有一个特色的办学思想,在这个办学思想之上搞些特色,如有些学校提出的"阳光教育",他在这个阳光教育思想统领下,在学科教学、德育、课程等方面,都围绕阳光教育这个思想来做,我觉得这样的学校才叫特色学校,而不是办一个什么兴趣班,就是特色学校,这个叫作学校特色更合适一些;在办学思想上要批判唯分主义:应试应该是学生各种综合素质的一个方面,特别是小学生不能过早地绑在分数的战车上,分数很重要,但不是唯一的,不能让孩子很小的时候压力就很大,这样容易使学生丧失学习的兴趣;在课程改革上要批判形式主义:现在有一些学校的课改探索很有价值,比如山东杜郎口中学等在教学模式方面做了很多有益的探索。但是这些经验不能照搬,要结合自己学校的特点,学习其经验背后的思想,而不能搞形式主义。

刘彬:民办学校发展过程中暴露出的问题有很多:

一、要解决对"教育"的理解问题。民办学校一个很大的不足,就是师资流动频繁,严重影响了教育的质量和自身的形象,给人以不稳定的强烈信号。为什么会出现这种情况?我认为一个很重要的原因就是对教育的理解。我们的老师在根深蒂固的观念中总是有民办教育、公办教育的差别,而从心理上又总是倾向于公办,认为公办稳定、保障性强、管理更加人性、名声也好听等,这和社会在这个问题上的主流看法是一致的,这样一种从众心态,使很多民办学校的教师仅仅把这份工作当作谋生的手段或暂时的栖身地。有了这个倾向性,他们就会自觉不自觉地拿民办教育的不足和公办教育的优点不对称的相对比,从而无意中放大了民办教育的不足,从而产生更强烈的"出走"意识。所以,除了待遇上予以保障以外,转变这种观念会意义更大。

二、董事长要从长计议。多半民办学校的董事长在从事民办教育前是某行业的成功人士，为慈善、为公益事业而从事办学，也有是在热情与市场刺激作用下发展起来，这是功在当今、利在后世的大善举大善事。但学校建起来了，不少办学者对于办学的重大问题的理论储备明显不足，尤其是办学指导思想上缺乏科学的理论支撑，观念并没有随之转变，"节约成本、低投入高产出"的固有观念以及商业经营的流程还深深影响着他们。当投入和回报不成比例或暂时入不敷出时，就会产生急功近利的思想，而对教育的较长周期及缓慢回报并没有认识和心理准备，于是可能会采用一些不规范的方法去招生，如虚假广告、不负责任的承诺等，让很多学生和学生家长有受骗的感觉，对民办学校越来越不信任，由此使一些本来很好的民办学校也深受其害、声誉受损。

三、要学会包装。所谓包装，并不是毫无由头地胡吹乱侃，而是对自己的一些工作、一些活动做足做好宣传，以期产生影响，让更多的人有一个新的更为全面的看法。心理学上说，一个广告，如果被人在不同的时间内读了七遍，就会记忆深刻。而我们的学校无论从声誉上、从影响上，都远不及公办学校，因为我们的历史太短，加之社会对民办学校固有的偏见，对民办教育的认同感较低，我们生存的空间很小，而我们民办教育的有关上级主管部门召开的一些有意义的会议，宣传上也很不够，总显得底气不足，总给人一种偷偷摸摸的感觉，不说宣传得铺天盖地，连应有的气氛也不足，自己把自己排除在教育主流之外。要宣传，要实实在在地宣传，要连续不断地宣传，利用一切机会和环境，不要犹抱琵琶半遮面，本来我们和公办学校相比在历史的长度上已经落后了，如果不再加强宣传、推介，那在公众心目中毫无有优势的位置而言。

四、办学资源不足。很多投资者往往只把收缴的学费当作办学的投入，没有其他的收益作为教育发展的支撑，造成工资、奖金等教工的福利拖延，造成学校建设、发展滞后，建设初期的硬件优势随着时间渐渐失去。教工有怨言、社会有微词，维持、残喘，恶性循环由此开始。

五、民办教育置身于市场竞争中,要有高的质量保证。而高的质量必须由特色来保证,做到人无我有,人有我优,对办学有清晰的认识,尤其是课程改革上要有力度,要有自己的完整的可持续的规划。过去我们一直强调"怎么学",现在应该考虑"学什么",这就要进行课程的改革,而这一点是十分困难的,而又是十分有效的。民办学校不能成为公办学校的翻版,因为很多学校的校长是公办学校过来的,公办学校的意识和做法还在起着很大甚至主导作用,从而使民办学校有着双重影子,这是学校管理和发展的不利因素。学校在服务意识、市场竞争意识、保证学生持续发展等方面必须做得更突出。

为民办教育投机者画像

王国平:迄今为止,我国的民办教育走过了30年的风雨历程,也在各方面做了许多尝试性的改革。但是,在办学模式上仍然没有突破性的创新,仍然是以收取学费的"以学养学"模式为主。在资金短缺的背景下,一些投资者没有站稳教育立场,没有把教育的公益性放在办学首位,不把教育教学作为办学的立足点,不行走在教育的轨道上,把眼睛盯在了钱上,脚步踏在商业化的轨道上,张口闭口都是谈经济效益,似乎办的不是学校,而是企业。从本质上讲这不是在为人民服务,而是为人民币服务!在这种思想主宰下,民办学校呈现了这样的办学面孔:

面孔一:举办者给学校下达的年度工作核心目标是经营利润,是赚多少钱的问题。

面孔二:摆在学校各项工作首位的是招生工作,提出招生工作是学校发展的生命线,校长挂帅直接领导着一个常年奔波市场的招生办。

面孔三:在家长面前不敢站在教育的立场上坚持正确的教育观点,把家长视为顾客、上帝,迎合家长的所有需求,包括有悖于正确教育观点的要求。目的就是讨好家长，就是看重了家长的"钱包"。

面孔四：不敢严格管理学生，唯恐管得严了把学生管跑了。

面孔五：在媒体上敢于花大价钱常年做招生广告，却不想着把这些经费用在教师待遇和进修学习上，或用在改善教学条件上。

面孔六：除了正常的收取学费之外，还想着法子在学校内办超市，或在学生的伙食费上动心思。

面孔七：不去想着如何稳定和打造一支学习型教师队伍，不按照科学规律办事，让教师在超负荷的工作量下工作，以节约人力投入的成本。

面孔八：紧闭学校大门，制造神秘感，过度或虚假宣传，忽悠家长，不敢让家长走近和了解学校的真实面目。

面孔九：在学生的服装上，在学校的环境建设上，在商业化服务的形象上，包括在宣传画册的精美程度上，都可以舍得花钱。但在教育教学和人力成本上却一味地省钱。

面孔十：见到名人就请，倾力打造名人效应。善于花钱参加各种商业化活动，以拿回来一些标榜性的各级各类的"名牌"，挂在学校大门前，向家长展示所谓的成就。

这样的民办学校必将走向歧途！我们期望的民办学校，或者说我们认定的可持续发展的民办学校，一定是坚守健康办学方向，坚持办有尊严的学校和有道德的学校，坚持为社会、为国家、为人民服务，而决不能是为人民币服务。

王红顺：如果为投资民办教育者分类的话，大致有这样几类：一是有了钱办教育的，这类人是在做慈善，为了回报社会；二是为了钱办教育的，这类人认为教育领域商机无限，把学校做成了企业；三是为了教育理想办教育的，这类人多是教育内行，旨在自己的试验田里践行自己的教育理想。

如果给"为了钱办教育的"画像的话，在办学过程中大致表现这样几种形象：一是"怨妇"型的，他们过于抱怨外部环境，往往把民办教育研讨会开成了诉苦大会，他们很少从自身找原因，常常把问题归结于政策或环境。虽然说民办教育的发展史可以说就是一段辛酸史，但是，就整体而言，民办教育发展的环境是在不断改善的。

二是"守财奴"型的，他们往往把关注点放在控制成本和获取更大利润上，不关注教师的生活质量的提高，对教师只使用不培养。可以说，民办学校不建立办学者与教职工之间的利益共同体，就无法建立干事创业的价值共同体，民办学校办学者一定要让教师不断享受到学校发展所带来的实惠。

三是"周扒皮"型的，一些办学者在办学过程中存在诸多违规违纪办学现象，比如，教师超负荷的工作量，有数据显示，民办学校教师的平均工作量是公办学校工作量的1.5倍。比如，一些民办学校没有按照劳动合同法的规定为教师购买"三险一金"。

四是"无良"型的，一些民办学校突破了办教育的底线，买卖生源，随意辞退教师，为了发展不择手段，使民办教育出现诚信危机。

高林：当前民办学校大致有三种形态：一是企业家办学教育家治校，二是教育家办学教育家治校，三是企业家办学企业家治校。应该说生命力最强的是第二种，所谓教育家办学教育家治校中的教育家更多是指懂教育的人，民办教育需要懂教育的人来办。最"短命"的可能是第三种，所谓的企业家，是指投资办学却不懂教育的人，办企业追求的是利润的最大化，而办学则完全不同。目前比较常见的是第一种：企业家办学教育家治校。

民办教育最大的敌人是"自己"

王红顺：有这样一种现象值得警惕，不少民办学校往往把同行当成敌人，其实民办学校最大的敌人不是对手而是自己。竞争不是为了打败对手，而是为了强大自己，民办学校需要树立大民办教育发展观，要深刻认识学校自我美誉度和民办教育公共美誉度之间的关系。只有民办教育整体繁荣，个体才有更大发展空间，民办教育只有从一片树林发展成为森林，让森林形成一种气候，才会赢得应有的地位和尊严。

高林：在企业家办学教育家治校这种办学形态中，有一对关系是最核心的，那就是董事长与校长的关系。而董事长与校长的合作最理想的状态是：优势互补，合作共赢。我的理解是，董事长要有企业家的胸怀，有胸怀就会有事业，企业家的胸怀越宽广，教育家（校长）的自主办学的空间就越大，企业家的事业就越大；校长要有教育家的智慧，有智慧就会有成就。

"新东方"的成功与俞敏洪的胸怀有很大关系。俞敏洪是一位懂得分享的人，愿意把自己的成功与身边的人一起分享，于是徐小平、王强才会在海外归来加盟新东方。因为他懂得与别人分享，所以新东方越做越大，并在纽约上市。

董事长要用俞敏洪一样的智慧经营学校，改变观念，改变体制，以股份制的形式去与民办学校的校长、管理层、优秀教师分享办学的成果。这样才会留住优秀的校长、优秀的管理者、优秀的教师。股份制的目的最终是为了留住人才，有了人才，才有事业……

否则，民办学校投资者与校长、教师的关系永远是互不信任的关系。那种英雄惺惺相惜的合作是一种假象，没有一点基础而言。试想，一所连教师工资都不能及时发放，不给老师们购买养老保险，不给老师们今后生活带来安全感，老师们连最起码的生活都不能保障，最起码的做人尊严都得不到尊重的民办学校，能留住给学校带来发展与活力的优秀人才吗？人才是民办学校发展的最大财富，但遗憾的是，很多办学者没有认识到这一点。

当然，民办学校需要批判的东西依然很多，比如，合作办学的脆弱性，不懂教育的人做管理，用公办学校的管理思想管理民办学校，家族管理的消极因素，教师没有归属感等等，这些都需要在发展过程中不断规避和破解。

孙银锋：我想从个人的发展谈谈对民办教育的思考。首先说说我对民办教育发展环境的认识，我从1999年开始涉足民办教育，直到现在，我一直以为民办教育的发展环境是很好的。当然，办学过程中有过曲折，但始终觉得遇到曲折的主要原因还是自身。当你用心去和周围的人进行沟通，来表达你的教育愿景的时候，人们都会理解并支持你的。我总认为，环境的问题都是自身造成的，关键是你要真心办教育，要用心和大家沟通。我从来不抱怨环境，我通过真心、诚心，哪怕到了一个很陌生的环境，我总是能在第一时间获得很多帮助和支持。

关于为了办教育的赢利和责任担当的问题，我认为，这实际上是一个心态问题，心态一变天下变。其实投资办学者的心态，有一个不断成长的过程。就我个人而言，刚开始在一个民办学校当教导主任，那所学校的条件和质量都不是很好，当时我就萌发一个念头，觉得自己也可以办学，至少可以办得比这所学校好，而且可以赚钱。毫不忌讳地讲，在办学的前五年，从内心来讲，还是把钱看得很重的。到了2006年的时候，我去了一趟甘肃，到那里考察办学，在那里看到孩子们的生活、学习条件都很苦，我忽然觉得我应该为孩子们做点什么，一种使命感和责任感油然而生。在那里，我上了人生最重要的一课。有了钱我曾经还想过去做其他经营，但是甘肃之行，使我坚定了做教育的信念。作为一位学校的投资人、董事长，要想把教育做好、做久，就要有一种大格局、大人生、大胸怀，就要招募一批一辈子愿意做教育的人来办学校。现在我常常跟我的老师们也这样讲，要干一行、爱一行、专一行、成一行。其实，老师们的心态也是有一个转变的过程，从个人利益的追求到个人价值观的提升，学校从利益共同体到价值共同体。我给老师们提出"奋斗五年八载，幸福一辈子"的希望，希望学校的老师们从开始追求养家糊口，到最后追求成为一个专家。我希望，利益追求是一个起点，而终点是事业的改变、价值的转变。

民办学校何以实现美丽转身

孙银锋：民办学校突破局限性的途径，我认为关键是要发挥自身的自主性和创造性。作为办学人，我们的自主性有没有发挥出来？创造力有没有发挥出来？我们的自主性完全掌握在自己手中，社会的资源要靠自己的努力去赢得，最终成为自己的资源。

牛新哲：我想谈这样几个问题：一、民办学校的定位问题。是不是民办学校一高收费就会引起社会对我们的误解？民办教育现在已经不是"补充说"，而是"国家经济发展的重要经济增长点"、"教育改革的重要力量"，因此，高端教育、高效教育是民办学校发展的一种战略选择。

二、学校出问题往往都是在尖端位置出问题，就是校长和董事长的关系。所有者和经营者，或说角色层与执行层之间观念的背离，或者对同一件事情不同的理解。我认为，校长不要跟董事长谈经济，而要谈市场。作为董事长不可能不考虑回报。校长可以和董事长形成一种共生关系，形成一个利益共同体。比如，我主张校长在管理一所学校时，可以不要高工资，但一定要有股份，有了股份，就是在做共同的事业。我希望，能把工作当成一种事业，最后当成一种使命，做事就是处理好"道"和"术"的关系。当然，我们在机制上可以创新，可以引进国外的理事长制度、监事制度，使我们的经营管理层面和决策层之间能够互通。

孙献民：我们学校发展是成为一个"N"字形，每到一个节点就需要学校一个"二次创业大讨论"，来探讨学校下一步的发展方向。从学校的扩大、学校的定位，从特色的定位，都是在一步一步"二次创业"中走过来的。

张运锋：民办教育如何实现重生？作为一名民办小学的校长，我认为，提升学生可持续的学习力是改革的中心，也是素质教育的目的。用应试教育的方法教学生，学生考个好分数不是难事，但是我们往往发现学生越学习越没有兴趣，小学成绩好，到了初中高中的成绩反而下降，这说明应试教育模式只注重对知识的传授，而降低了对孩子学习力的关注。而我们成人在教育小孩时，总是说你要努力才能考上大学，孩子往往就单纯地以为考上大学就万事大吉了，因此到了大学混日子成了一种普遍现象。

素质教育的核心在课堂。教学改革的重心不是说不重视考试成绩，而是怎么样提高课堂效率，让学生把学习主要放在课堂上，把课外的时间解放出来，这是最关键的。

民办教育发展的根本在于培养一支优秀的教师团队，在于培养教师的创新意识和创新精神。有不少老师，教了30年的书，第一年是在学习，后面的29年都是在重复第一年，这是一种职业倦怠的一种表现，所以说我们最关键的是要培养教师怎么样去创新教学。特别是对年轻老师，注重教学氛围，给他们一定的重担，一定的任务，提高教师工作的积极性。

王红顺：民办教育要走联盟发展战略，要组建区域民办学校发展共同体，抱团发展，才能共同进步，在这个共同体内可以共同聘请专家进行指导，可以共享很多资源；民办学校要学会借力、借智、借道、借势发展，实施错位竞争，苦练内功，经营自身的核心竞争力，这样才能实现民办教育的美丽转身。

刘松钦：我很认同民办教育"优质说"的观点，民办教育不能成为公办教育的补充，应该是可以为社会提供多元选择的优质教育，家长们

"不差钱",只要办得好,家长和社会就会认可。民办教育可以产生"鲇鱼效应",民办教育不但自己要实现突破性发展,还要激活公办教育,只有公办教育和民办教育协同发展、共生共荣的时候,老百姓才会成为最大的受益者。

当前,民办教育要实现破局,除了规避自身存在的问题之外,要在课程改革上大做文章,做大文章,民办学校只有通过课程改革,才能撬动整个学校的内涵发展,才会有发展的希望。

郑冠坤:民办教育如何重生?我的观点是必须进行角色转型:由补缺拾遗转换为前行引领。不断优化的公办教育,让拾遗补缺即将成为历史。但民办教育先天的灵活性、创造性与高效率,仍然是大一统的公办教育不能企及的。因此,在公办教育尚未布局到位,尚未优化到位的时候,民办教育应迅速整合30年积聚的能量,进行优质教育抢位,变补位为出位。

民办教育必须进行文化重建:学校是做文化的,做哪个层次的文化,就只能吸纳哪个层次的人,这是发展定位的源头力量。现在公办教育提升了基础教育的底线,民办教育以普及的文化理念去办学必然走向消亡。目前,公办教育优质化在起步阶段,优质教育文化构建不成熟。民办教育应根据自己的办学特色、生源特点、文化特色、队伍特色、区域特色、教学特色迅速建立自己独具特色的义化体系,打造自己的教育个性,形成自己的优质品牌,"花红于野,木秀于林",形成自己的气场、磁场方能立于不败之地。

民办教育必须进行课堂重建:高效课堂是基本目标,但效果的"大象"必须"有形",必须符合教育规律,要呈现科学的"路线图"。真正的优质教育是教材审美教育,是形势与内容的完美统一,用一句通俗的话讲"必须能拿得出手",就是说要有科学的、艺术的、高雅的课堂形象和意象。这是教育引领文明的需要,更是民办教育做强自己放大自己的需要。

　　民办教育必须进行新的危机意识重建：现在讨论民办教育的问题，如果仍旧停留在资金问题、政策问题、生源问题和教师队伍问题上，已没有任何意义，为什么？这些问题是从民办教育诞生的那一天起就伴随而生了。现在的民办教育发展危机是目标方向茫然的问题。文化个性梳理不清问题，一味从"公"无路可走问题，课堂教学技术含量过低问题，和谐生态校园建设不到位问题，品牌打造体系零乱问题。

　　只有理清认准新形势下的民办教育危机，才能化危机为机遇，化被动为主动，化等待为进取。"公办教育为主"是我们的社会性质决定的，民办教育要赢得同等的待遇，就必然走在公办教育的前面，创造出为公办教育所尊重的发展经验，除此，别无他路。

民办教育"价值与使命"

2011年6月23日,由《中国教师报·民办教育周刊》主办、湖南省教科院民办教育研究所协办的第四期"民办教育主题沙龙"走进湖南省长沙市望城金海双语实验学校。围绕民办教育"价值与使命"这个宏大的命题,与会嘉宾讨论得具体而微,言说得感人至深,意犹未尽。

嘉宾:

王再坤　湖南省长沙市望城金海双语实验学校校长
兰育新　湖南省益阳朝阳国际实验学校校长
龙　挺　湖南省长沙金色梯田教育集团董事长
刘文章　湖南省浏阳新文学校校长
刘邵来　湖南省广益中学校长
李俊年　长沙市民办教育协会秘书长
许晞初　湖南省株洲北师大附中校长
武建谋　湖南省青竹湖湘一外国语学校校长
周　健　湖南省永州市永华中学董事长
罗湘云　湖南省耒阳市正源学校校长
段佳琪　湖南省长沙碧桂园威尼斯中英文学校校长
袁文格　湖南省郴州明星学校小学部校长

黄　平　湖南省长沙万婴教育集团董事长
彭四龙　湖南省教育厅民教处处长
主持人：
褚清源　《中国教师报·民办教育周刊》主编

主持人：

民办教育作为一种不同于计划经济时代的教育形态，不仅有效弥补了财政投入的不足，增加了教育资源总量，而且在教育领域引入了市场竞争机制，产生的"鲶鱼效应"很大程度上激发了教育的活力。与此同时，民办教育还为社会提供了差异化教育，促进了教育的多元化发展。但是，随着国家教育投入的不断增加，有人担心，国家还会大力发展民办教育吗？民办教育是否会被迫出局？民办教育如果要发展，其发展的空间在哪里？

如果说，民办教育存在的最核心价值，是提供和丰富选择性教育、实施教育创新和人才培养模式创新，那么，在目前民办教育尚不属于优质教育，特色还不够鲜明，教育创新的成果也不够丰富的新形势下，如何重新认识民办教育存在的价值？民办学校如何从拾遗补缺的角色转向特色优质教育资源的提供者角色？民办教育承担的教育使命是什么？如何更加有效地激活教育制度创新和教育教学模式创新？

民办教育的价值重估

段佳琪： 民办教育的价值和使命，首先是教育本身的价值和使命，教育的使命在于"培养人、发展人、成就人"，在我们教育者手中是许许多多正在成长的生命，每一个都如此不同，每一个都如此重要。他们通过我们教育者的指引、塑造、培育，成为公民、有用的人和最好的自己。

人,是教育的根本,无论是公办教育还是民办教育,都必须把"成就人"作为教育的核心。

为国家和时代培养怎样的人才,如何培养这样的人才,是每一个教育者都必须思考的问题。民办教育不能满足于对公办教育形式的简单补充,不能止步于专业技能的培训,而应该在教育的本质上做出更有价值的探索,唯有如此,才能摆脱民办教育附属和补充的尴尬地位,成为推动教育发展的建设性力量。

刘文章:这个主题反映了我们的心声。民办教育是非常有活力的教育,它一定程度上规避了公办教育的很多缺陷,民办最大的使命就是,回归一种责任感,要敢于担当,敢于负责。因为民办学校与公办学校除了办学投资的主体不同外,其他的属性均是一致的。教育的本质是培养人,学校是具有公益性的单位。为此,我所在的学校,从筹建开始,从董事会到校务会均达成一致的共识:就是要始终坚持教育的公益属性,把创办优质民办学校作为办学的目标。

龙挺:谈到民办教育的价值与使命,我想先谈谈我对民办教育这个概念的理解。民办教育作为教育的一种模式,它首先应该遵从教育的本质,追求教育本身的价值观与使命感。而所谓"民办",相对于"公办"来说,缺乏政府财政上的支持,这就意味着作为民办教育机构,要想做真正意义上的教育,正确的价值观和强烈的使命感显得更为重要。

武建谋:要认识"新形势"下民办教育的价值,首先要弄清楚"新形势"是什么。我想民办教育的"新形势"有这样几个特点:一是国家富了,加大了教育投入,使公办学校的硬件建设得到了很大改善,这对民办学校造成了一定的冲击;二是传统的教育模式出了问题,迫切需要创新人才培养模式来破解培养不出"大师"的难题;三是老百姓富了,对教育选择有了更多元的需求。

在这种"新形势"下,我个人认为,民办教育的价值很简单。一是满足选择。"新形势"下老百姓有新的要求、新的选择。民办教育的价值就是满足老百姓对优质教育的多元选择。二是勇于探索。民办教育要在教育管理体制和教育教学模式上勇于探索。我也是带着自己的教育理想，走进民办教育这块实验田的。在探索过程中，我注重激发两个活力：一是激发教师的活力，二是激发学生的活力。只有充分调动了这两个群体的力量，学校教育才可能呈现繁荣。

兰育新： 一位民办学校校长曾说："当你一脚踏进民办教育的办学之路时，就注定你已经别无选择了。因为，这是一个提起来就放不下的职业，你的使命是要对你的选择负责。而负责任，就是一所学校的使命。"我很认同这句话。

民办教育的价值与使命可以从两个方面理解。从政策层面讲，《民办教育促进法》明确规定："民办教育事业属于公益性事业，是社会主义教育事业的组成部分。"这意味着民办教育工作必须把"为社会公众服务"作为办学首要任务，以受教育者的利益为重，以社会效益为重，其办学目的在于促进社会公共利益的增长。《国家中长期教育发展与规划纲要（2010—2020年）》对民办教育定位非常明确：民办教育是教育事业发展的重要增长点和促进教育改革的重要力量。民办教育不是可有可无，而是不可或缺，民办教育的使命就是要真正实现"两个重要"。

中国民办教育协会会长陶西平最近在一次民办教育论坛中曾提出民办教育的新使命：民办教育不应被动地走向未来，而应主动地创造未来，主动地争取发展环境的改善，主动地加强自身建设。民办教育发展30多年来，已经涌现出了一大批成功的学校。但关键是，民办教育在"面向未来"的过程中能否真正脱颖而出，在50年后，甚至100年后，中国的民办教育能否出现像哈佛一样的名校？

许睎初： 民办教育的价值体现在如下几点：一、民办教育打破了国家力量办学一统天下的格局，实现了教育从"国家模式"向"社会模式"

的转变，实现了从政府办学的单一主体向社会力量参与办学的多元主体的转变，激活了社会办教育的积极性，整合了社会各方面的教育资源。二、民办教育弥补了国家财政支出的不足。社会发展所带来的教育需要的高速增长与国家财力限制之间形成反差，社会需要的不是普及性教育，而是精品教育；而国家教育投入不足，教育资源配置不合理，使教育无法适应国家的经济飞速发展的需要，因此，动员社会力量办学是发展趋势。三、民办教育的多元化增加了教育供给方式的多样化和选择性。从某种意义上说，民办教育是一种选择教育，家长选择民办学校更深层次上的原因，是对公办学校缺少个性化教育的不满意。我们的教育不可能把孩子都培养成国家栋梁之材，"直树成木，大树成荫，弯树成景"，有用便是才，民办教育需要致力于这种生态教育的探索。四、民办教育促进了教育竞争。民办教育引入了市场竞争机制，为现有的教育创造了一个更具竞争的环境。民办学校作为竞争的一个独立实体，在拥有可以进行创造性劳动的充分自主权和独立性的同时，必须为自身的生存和发展积极地参与社会竞争和社会内部竞争以提高效率，这样就有力地促进公办教育的改革。

袁文格：当我看到这个命题的时候，头脑里面也是空白的，因为我很少去思考这个方面的内容。但是作为教育者实践者，我们既要精于脚踏实地做事，又要善于抬头看路，否则会迷失自己的方向！

在我们学校的会议室里有六个铜铸大字：一切为了孩子。这是我们学校永久的价值追求，也是我们使命出发和回归的原点。其实不论是公立学校，还是民办教育，他工作的对象都没有什么不同，面对的都是不同年龄和层次的学生，只不过是学校的所有者不同罢了。所以，学校都会有一个共同的使命，那就是在我们的孩子心中播下一颗纯洁、善良、优质的种子，在他一辈子的生命过程中，开出绚烂的花朵，结出丰硕的果实。如果我们学校的一切工作都能够真正做到"一切为了孩子"，就没有什么事情是做不好的，没有什么问题是沟通不了的。因为学校、课堂就是孩子生命成长的地方，因为学生就是学校唯一的产品。你的产品价值如何，就决定了你学校的价值怎样！

其实我个人认为，事物存在就有它的价值。目前，各级各类的民办学校很多，他们满足了社会各种不同层次的需要，外在价值的体现是各不相同的，而且他们相互之间都是无法替代而并存的。从内省的角度看，民办学校的核心价值是什么？我们的教职员工对学校的价值体系是否认同呢？当我们遭遇发展瓶颈的时候，应该是反求诸己，眼睛向内，寻找到自己内在的关键点，也就是怎样着手把自己的学校打造成一个有价值的品牌。

刘邵来：民办学校的价值我认为有两点：一是在国家办学力量不足的时候，利用民间力量来办学，是对国家举办教育的补充。二是从目前来看，民办教育应该致力于教育改革的探索，应该走在教育改革的前列。

关于使命，我认为，民办教育的使命跟所有的教育的使命都是一样的，就是做教育该做的事，尊重教育的规律，培养合格的公民，这是教育的根本使命。人是有差异的，但是只要我们培养的人对社会有益，我认为就是人才。一个人走向社会不给社会增加任何负担，能够自食其力，这就是教育的成功。当然，关于他从事的职业是否体面，那属于社会学的范畴。因此，我认为，不用过于拔高民办教育的使命，重要的是回归教育本质，捍卫教育常识。

黄平：我从事的是民办学前教育。我认为，民办学前教育的发展，减轻了公办学前教育压力，缓解了"入园难"现象，弥补了政府在幼儿教育中的投入不足，解决部分家庭儿童接受早期教育的需求，提供了多样化的服务，满足了家长的不同需求。

民办学前教育的使命：一、激发活力，更新、壮大幼儿教师队伍。目前，民办幼儿教师队伍流动性大、学历达标率和专业水平偏低，因此，提高民办教师的专业化水平,使他们在获得专业化水平提升的同时,体验到幼教工作的尊严和幸福感。这对民办学前教育的长期稳定健康发展有着重要意义,同样它也是民办学前教育的使命。二、以质创优,办真正让老百姓满意的园所。了解家长、孩子的需求,尊重孩子的成长规律和教育规律办园,创建规范、安全、温馨、细致的幼儿成长环境。

总之,民办学前教育在定位上应该不仅仅是公办学前教育在数量上的补充。在市场条件下,民办学前教育在满足家长和孩子的多样化、个性化需求的资源优势下,更应该立足于推动学前教育行业的良性竞争和互动发展。

民办教育还能"补"什么

段佳琪:民办教育要实现自己的独特价值,就必须在育人目标上找准自己的定位,在"成就人"的问题上做出更实在的思考。通俗点说,就是要真正立足学生未来发展的需要,立足国家时代的需要,立足广大家长对优质教育的需要。

民办教育作为相对弱势的力量,要想发展图强,就必须积极引进更新的理念,发展更好的教学模式,作为教育的生力军,它承担着教育改革的历史使命。

民办教育对教育改革的促进作用,一方面体现在民办教育本身想要由弱变强,必须依靠创新和改革;另一方面民办教育的创新必将推动新理念、新模式的推广。同时民办教育的革新图强,必将极大地促进公办教育自身的改革,以应对来自民办教育的越来越明显的竞争压力。

民办教育应该成为社会优质教育的有机补充者,这种补充不仅仅是教育资源的补充、学校数量的补充,更不是文化与技能的补习,而应该是在教学理念、教学形式、管理模式、教育创新等方面的有机补充。应该是补缺失、补不足，而不是补有余。公办教育缺失的是什么？不足的是什么？然后我们补充之，这才是民办教育的价值所在，也是民办教育能够长远发展的基础。新东方"补"英语成功了，很多学校引进国际教育体系也成功了，除了这些，我们还能"补"什么？

彭四龙：这个主题沙龙很有意义，彼此之间碰撞出了不少思想的火花。对于民办教育价值和使命的认识，我的理解有三点：一是民办教育通过30多年来的发展很好地履行了使命，实现了自己的价值，民办教育已经成为一支不可忽视的力量。二是民办教育目前的发展为实现更大的价值奠定了良好的基础。尤其是民办学校有一批经验丰富、专业素养较高的专家型校长。能够到民办学校做校长的，往往是有一定知名度，并且是久经考验的。这为民办教育的发展积淀了最大的"本钱"。一个好校长就是一所好学校，有了好校长就能带出一支好团队，有了好团队就能成就一所好学校。

那么，怎样实现使命和价值呢？我认为，要履行自己的使命，实现自身的价值，就必须坚持教育的公益性事业的基本的原则。要把市场和公益结合起来，找到一个结合点，把握一个"度"。而使命和价值最终体现在质量上，没有质量就没有尊严，就没有生存的空间，何谈实现自身的价值。

袁文格：我觉得民办学校要做的就是发掘自己的核心价值，打造自己的价值，成就自己的价值，体现出自己的价值。有价值就有竞争力，就有生存发展的空间。

首先是发掘自己的价值，即准确定位，知道自己学校的价值在哪里。我们学校属于服务补充型的学校，所以，我们要提升我们的服务意识、服务水平，满足社会的需求。也就是说要追求一种高起点。

其次是打造自己的价值，即严格操作。全体员工必须有高度的认同感，并且加以严格的管理和控制，不然是形成不了良好的价值体系，更加无法去实现自己的价值。凡是知名企业,操作的流程是完全严格控制的,不能有丝毫偏差!每个地方都可以差之毫厘,最后的结果就会差之千里!也就是说要追求一种高质量。

再次是成就自己的价值,即打出品牌。有了准确定位,有了严格的流程控制,产品质量得到了保证,你的价值就会逐渐显现出来,得到的就是品牌效应。也就是说要追求一种高品质。

最后是体现自己的价值,即贯穿始终。要把核心价值的理念和思想,植入到每一个员工的头脑中,渗透到每一个工作环节和流程中。不论哪个时候,哪个地方,哪个角度,你始终都能体现出自己的价值。也就是说要追求一种高品位。

如果我们能够一直坚持不断发展,与时俱进,就能坚守价值。在此基础上,敢于创新,勇于突破,破茧化蝶,就会不断创造新的价值,民办教育就会不断增值。

"责任"赢得尊严

龙挺:作为一家民办教育机构,我们从创办之初就对要担负的价值和使命做了深入的思考。我们对价值观和使命感的思考集中体现在组织文化和办学理念之中。我们的组织文化可以用四个关键词来概括:责任、创新、包容、奉献。

我们的教育使命定义为"培养健康、快乐,懂得感恩并勇于负责的孩子;造就专业、宽容、付诸爱心并敢于担当的老师"。我们不仅要求员工要有爱心,要敢于担当;同时,我们希望从这里走出去的孩子都懂得感恩,并且勇于负责。不论是爱心,担当,还是感恩,负责,都是责任的一种体现。我们还有一句话:"人人都是老师",就是说不管你是什么样的工作岗位,是教学老师,是司机,还是保安,都要以老师的标准要求自己,在孩子面前做到言传身教,为人师表。这本身也是对孩子高度负责的一种表现。

我们的教育理念概括为:最纯真的教育,最快乐的童年,最幸福的人生!我们希望遵循和回归教育的本质,给予孩子最纯粹、最纯真的教育;我们也希望孩子在幼儿园的生活是开心快乐的,我们给予孩子的教育能带给他们快乐,当然,我们更希望通过这样的教育能帮助孩子获得把握幸福、感悟幸福、创造幸福的能力,在未来的道路上创造属于他们的幸福人生!

0—6岁是人一生中最关键的时期,我们也一直在不断思考这样一个时期应该给孩子怎样的一种教育。我们认为,学前期的教育最重要的应该是"健全心智模式,养成良好习惯,为孩子创造幸福人生提供正确的启蒙"。在学前期应该健全哪些心智模式,养成哪些良好习惯,我们正在围绕这一问题进行深入研究。我们希望为孩子创造幸福人生提供正确启蒙,我们也知道要做到这一点,老师应该是幸福快乐的,老师要找到职业幸福感。因此,和我们的老师,和我们的孩子一起去找寻"幸福的方法"是我们梯田努力在做的!

刘文章:办有责任的教育是我们学校的办学追求,具体体现在办学中就是要坚持"四个负责"。

一是要对学生负责,着眼于孩子终身发展。学校把"优秀做人,快乐读书"作为办学宗旨,致力于培养身心两健、习惯优良、个性突出、和谐发展的现代人。尤其是在学习上,学校注重个性差异,因材施教,强调"四个不同",即不同的需求,不同的教学;不同的兴趣,不同的指导;不同的起点,不同的作业;不同的成功,不同的评价。

二是要对教师负责。教师是民办学校的第一人力资源,没有稳定优质的教师团队,就没有优质民办学校的诞生。为此,学校确立了"教师发展学校"的战略,关注教师专业发展,为每个教师量身定制专业成长轨迹；建立1000万的教师发展基金，确保教师在退休后与公办教师享受同等待遇；启动校内名师、骨干教师和优秀班主任的评选，帮教师寻找专业的成就感；建立"相约百年新文"教师联盟，通过以会员制形式，鼓励一批志同道合，愿与学校兴衰与共的教师终身服务学校；每年学校对教师又一次工作幸福指数调查，多年调查结论是"教师累并快乐着，教师的归属感和幸福感不断增强"。

三是对家长负责。家长是民办学校的"顾客"，对顾客负责就是学校生存的关键。首先就是要确保办学质量要让家长满意，要让"优秀生更优，后进生变优"，要从最后一名学生教起，要让每个孩子都有进步……这些是我们对家长的质量承诺；然后就是要让家长对在校学生放心。学校确保孩子在校吃、穿、住、行标准不低于家庭，不让家长费心；双休日或寒暑假，在外地务工的父母，由学校安排老师带养孩子，解决了孩子因父母不在家无人看管的矛盾；学校设立质量管理处，开设了与家长零距离沟通的热线电话，随时倾听、收集和处理、反馈来自家长的意见。

四是对社会负责。办民办学校有一定风险，但这个风险不是留给社会，让政府来埋单，而是投资者要主动承担，在办学中要不断地化解风险，让办学风险系数降至最低。无论什么办学危机出现，不能等靠政策化解，不能指望政府来帮助解决，必须要靠自己主动来化解。

学校董事长说：民办学校任何时候都没有丰厚回报可言，要回报就不要投资教育，办民办学校时刻要以社会责任为重，要对孩子、对老师、对家长负责，要为孩子和家长提供有特色的、优质的选择性教育服务。反之，如果强调市场效益，追求规模和经济效益，就会忽视教育的公益性，淡化办学的社会责任，就会出现高收费、乱收费等使学校误入价值扭曲，办学行为走样的恶性循环歧途。

民办学校的价值在于激活办学机制，向公办教育不良的办学行为挑战，寻找自己的符合家长选择要求的办学之路。首先就是要改善师生关系，要去掉学校和教师高高在上的傲气，要与学生和家长平等地沟通。同时要追求校内的教育公平，为给学生成长创造更加公平公正的教育环境，学校对教师设有三条高压线：一是不准体罚学生，二是不准接受家长宴请，三是不准接受有偿家教。还有一些制度，如不按成绩分班，不按亲疏关系排座位，课堂上特别关爱学习困难学生的提问……这就是要保证学生在学校接受公平的教育，让学校的教育资源均分给每个学生享受。教育的公平就是要做到起点的公平和过程的公平。

罗湘云：我想民办学校需要担当一种社会责任。在我们当地有很多孩子属于农村"留守儿童"，基本上都是由爷爷奶奶照看，这一现象已经成为一种严重的社会现象。我们在寄宿制学校管理方面探索了一些经验，因此，在合适的时候，我想专门办一所或两所"留守儿童学校"，专门招收"留守儿童"，利用民办教育灵活的机制和积累的丰富经验，解决"留守儿童"读好书的问题。

践行价值的路径探索

王再坤：民办教育要实现自己的价值，就要着力增强自身的核心竞争力。其一，优化管理，是增强核心竞争力的先决条件。我们要不断优化和积极创新民办学校的管理模式，努力实现管理效益的最大化，这是增强学校核心竞争力、不断实现持续发展的先决条件。

对比公办学校，民办学校首先具备的优势就是体制和机制上的优势，民办学校可以真正做到自主办学、自主管理、自主发展，不存在体制桎梏和机制约束，我们必须充分发挥自主优势，创新管理模式，包括校内人事制度，优化队伍，改善待遇，增强学校主动适应经济和社会发展需要的能力，不断提高教育质量、科学水平和办学效益。

其二，提高质量，是增强核心竞争力的根本保障。学生及家长选择民办教育，最为看重的就是学校的办学质量，办学质量可谓是民办学校的生命线。提高质量，要求我们要注重质量意识，树立全面正确的质量观；要深化教育教学改革，全面加强学生综合素质和能力的培养；要加大教师队伍建设力度，发挥教师提高教学质量的重要作用；要加强教学评估，建立保证教学质量的长效机制；要加强教学基础建设，提高人才培养的能力和水平。

其三，彰显特色，是增强核心竞争力的有效途径。公办学校义务教育阶段从开始的免学费，到现在的书费、杂费全免，在这种情况下，家长凭什么还要花那么多钱把孩子送到民办学校来？概括地讲，就是冲着优质教育来的，冲着民办学校与公办学校的显著不同来的，这种不同，就是民办教育的办学特色。什么是真正的特色呢？我认为就是"要么唯一，要么第一"，真正做到"人无我有，人有我优，人优我特"。

突出办学特色是当前民办教育发展的关键，做强民办学校更是消除教育差距，体现教育公平，实现教育均衡发展的当务之急。同时，通过特色发展，满足学生和家长对特色教育的需求，也是缓解大中城市"择校"的一种途径，真正实现"公办不择校，择校找民办"。

段佳琪：民办教育可以从以下几个地方进行突破：

一是对应试教育的大胆突破。传统教育的弊端在于过分强调知识传授与考试结果，而在很大程度上忽视了品质教育与个性发展，在实践能力与创新能力培养上也有很大的欠缺。民办教育要求新，首先就在育人目标上新。我们大可不必与公办教育做趋同竞争，而应该在先进的教育理念上先行一步。当然，如果我们的民办教育能够为学生提供从基础教育到高等教育的一体化服务，所受到的束缚就将大大减少。

二是对传统教学模式的积极突破。民办教育如果只是对公办教育在教育资源上的一个简单补充，只有数而没有质，必定难以获得更大的发展空间，随着公办教育的不断发展，这类民办学校必将被淘汰。因此民办教育要主动地走教育改革的道路，大胆引进国际先进理念，积极寻找更为有效的教学模式，自主推进素质教育。

三是对传统评价方式与考试形式的有力突破。只有在评价方式上大胆创新，才能推动教学思想和教学形式的改革进步。科学的评价体系，不仅要考查学生的知识素养，还应该考查其身体素质、习惯品质、个性发展以及交流合作能力、实践创新能力等。优秀的民办学校，应该有自己独立的办学思想，还应该有自己独立的评价体系。

教育是很复杂的事情，但同时也是很简单的事情。简单是因为它的目标千古不变，就是"育人"，而育什么样的人，怎样育人又远不是那么简单的事情。要完成民办教育的历史使命，我认为三点最重要：一是"真"，忠诚于教育，办真正的教育；二是"新"，探寻教育规律，创新教育形式；三是"勇"，锐意进取，自强不息。如此，民办教育有望，中国教育有望。

刘邵来：对于民办教育的发展，教育主管部门和研究部门要在以下三个方面做好文章：一是教育主管部门加强国家教育政策法规的宣讲，让更多的人了解民办教育方面的政策，让支持民办教育发展的政策真正得以落实。二是研究部门加强对成功办学案例的研究，让这些研究成果真正能够知道民办学校的发展。三是加强对学校办学效果的评估，而不是对办学成绩的评估。

李俊年：民办教育的价值与使命这一话题既有深刻的内涵，也有广阔的外延，这对于我们民办学校的同仁坚定信心，把事业做大做强有很好的引领作用。

民办学校要实现自己的价值，就要着力提升学校的文化内涵。要把民办学校办好，必须夯实民办学校的文化。因为，文化是一种情怀，文化是一种关爱，文化是一种力量。我感到，民办学校发展的未来为什么前景辉煌，因为有了文化，民办学校才能立于不败之地，才能够坚持可持续地发展。

思路决定出路，细节决定成败，文化决定未来。长沙市民办学校这些年来，在推进学校文化建设方面做出了很多有益的探索。搞文化建设给民办学校提供了能量之源。长沙市民办教育经过这六年来的文化建设，从实践到理论，再从理论到实践，取得了一定成绩。比如在留住教师这一块，通过文化建设促使教师们形成了民办学校共同发展的愿景，形成了共同的核心价值观。

价值实现中遭遇的现实瓶颈

武建谋：民办教育正处于过渡期和转型期，在这一过程中，必然面临种种阵痛，因此，民办教育实践者要敢于担当，担当一种责任与使命。就教育改革而言，我们一定要慎重，警惕改革的随意性。民办教育的优势是董事长或校长对内部的改革有一定的干预权，但是不能随意推行一些实验，毕竟我们面对的是一代孩子，教育改革不允许"试错"。比如说选修课开什么，不是你校长有这个自主权，不是想开什么就开什么，公办学校太规范化，但民办教育不能太随意化，如果我们背离了培养人的大原则和教育规律，而把自己太多的主观意愿强加到民办学校这块实验田里，从某种程度上来说，也是对孩子的不负责任，所以我说，民办学校的董事长或校长尽管有很大的自主权，但也要慎用这种自主权。

罗湘云：我的观点是：没有质量就没有数量，没有数量就没有质量。所以在我们学校，数量和质量都很重视。在办学过程中，我有两个"没想到"：一是没想到办学校这么艰难，压力这么大，而这个压力主要来自教育主管部门和公办学校；二是没想到学校发展得这么快。这一方面可能得益于民办学校机制灵活，敢于改革，另一方面则得益于我们当地的公办学校没办好。

周健：客观地说，民办教育的发展前景，我觉得不是很好，发现一年比一年差一些了。政府不可能主动重视民办教育，要靠发展赢得尊严，通过主动发展让各级部门被动关注，逼着他们来重视民办教育的发展。只有自己看得起自己，民办学校，我们自己要想办法做大。搞大搞好了，引起教育局的重视。比如，中央和省市重视发展民办教育的政策到了地方几乎是一纸空文。

刘文章：民办教育在我国经历了一个发生、发展的历程，一直在探索具有中国特色的民办教育发展之路。无论是从刚兴起时候的储备金制度，还是后来的国有民办等形式，在民办教育发展过程中均产生过一定的影响。《民办教育促进法》出台后，我国的民办教育发展日趋规范，但一些制约民办教育健康稳定发展因素依然存在。

兰育新：民办学校履行使命要注意的几个问题：

一、民办学校平等地位尚未落实。民办学校正处在大浪淘沙之中，民办学校发展环境并不宽松。不要说高看一等，厚爱一层，就是连《国家中长期教育发展与规划纲要（2010－2020年）》颁布到了现在，我们民办学校的教师身份还是说不清道不明。民办学校的教师队伍稳定与招生受遏制等问题就能充分说明这一点。

二、盲目扩大规模。受追求规模效益的驱动，大多民办学校都是通过扩大生源作为自身发展的重中之重，甚至不惜一切代价来扩大数量，以此收回办学的投入与成本；在办学实践中，相当一批民办学校只重数量，轻质量，只急于把学校做大，而忽视了把学校做强。在湖南益阳，有一个教育集团，号称万人规模，但是稍微懂教育的人都知道，该集团已经步入的恶性发展的怪圈，一旦中间哪根链条断裂，整个集团都有坍塌的危险。

三、学校管理尚待规范。目前，很多民办学校实行家族式、家长式管理，教学管理显得急功近利。民办学校的教师往往以"旁观者"或

"打工者"的身份参与学校教育教学工作,有点随风飘的感觉,因而,加强民办学校自身管理,广泛实施人本管理,充分尊重广大师生员工在学校的主体地位,创新民办学校管理制度,让教职工做事有舞台、发展有平台,营造和谐民主的管理氛围,将激发学校发展的活力。

一所成功的民办学校,一定要有强烈使命感,一定要坚持社会效益第一的办学原则,一定要把学校当作一种事业来做。因此,民办学校一定要规范办学行为,加强自身建设,强化民主管理,提高育人质量。只有这样,民办学校才有发展的源泉和动力,民办教育的使命才能得到有效的落实。

民办教育的机遇与挑战

嘉宾:
马行提　南京百家教育咨询中心主任
王立祥　江苏省徐州市沛县教育局
王伟东　江苏省射阳二中校长
许兰芳　安徽省宿州市现代英华学校校长
李益军　江苏省连云港东海外国语学校常务副校长
张际生　江苏省徐州市丰县创新外国语学校董事长
柏　萍　江苏省赣榆县华杰双语学校校长
蒋显敬　江苏省徐州市丰县创新外国语学校校长
谢殿波　江苏省徐州市丰县教育局
蔡沛东　江苏省徐州市铜山县城北中学校长
主持人:
褚清源　《中国教师报·民办教育周刊》主编

主持人:《国家中长期教育改革和发展规划纲要（2010—2020年）》提出的总的战略目标是,到2020年,基本实现教育现代化,基本形成学习型社会,进入人力资源强国行列。进入人力资源强国是在实现人口大国向人力资源大国转变之后的第二个转变。实现这一转变,民办教育承担着重要的任务,同时也为民办教育发展带来新的机遇。纲要明确提出,民办教育是教育事业发展的重要增长点和促进教育改革的重要力量。这两个"重要"的提出,应该是对民办教育在整个教育事业中的明确定位。今年是实施新的教育规划纲要的第一年,在这样的背景之下,作为民办教育的投资人和管理者,我们应该如何应对当前的机遇与挑战?作为民办学校,如何在这样的格局中确立自己新的发展战略和管理策略,进一步激发教育活力,满足人民群众多层次、多样化的教育需求?

民办学校"危中有机"

柏萍: 从1997年《社会力量办学条例》颁布,到2003年国家颁布了《民办教育促进法》,再到2010年《国家中长期教育改革和发展规划纲要(2010—2020年)》的颁布,每一次都让民办学校人似乎看到了曙光,总有人说"民办教育的春天真的来了"!然而,14年过去了,即便是地处经济发达的江苏省的民办学校,却仍然面临着严峻的局势。很多地方政府并未按教育规划纲要中规定的相关内容对民办学校给予优惠政策,更不谈帮助与扶持,近年来,各地都有民办学校相继倒闭,让现存的民办学校办学者对前途产生怀疑、恐惧,不知未来的路在何方?

李益军: 我始终认为,机遇是无时不在,无处不在的,但我更相信,机遇是留给有准备的人的,我也始终认为,民办学校的发展需要方方面面力量的支持,需要借助各种条件,其中法制政策环境是最重要的。2003年《民办教育促进法》的颁布实施,是中国民办教育发展的里程碑。但目前来看,由于各种原因,"促进"作用还很有限,很多民办学校发展仍然遇到相当多的困难。纲要对民办教育的深度阐述前所未有,省一级的教育规划纲要和各级会议、文件文字表述也无懈可击,但因为各种政策的完善、到位、成熟还需要一个过程,民办学校如果一味观望、抱怨、指责、对抗，显然是不理性的。

王伟东： 我国民办教育现在呈现出两头热、中间冷的状况。我们必须承认，国家对民办教育是十分重视的，把支持和发展民办教育当成教育的一件大事，把民办教育当成教育改革和发展的重要力量，对民办教育的支持都是实质性的政策支持。这些政策鼓舞着广大一线民办教育工作者，始终保持着热情和奉献精神。"中间冷"是指一些中间层面的政府和教育主管部门，却是"一潭死水"，对《民办教育促进法》几乎一无所知，对民办教育的支持远远不够，甚至于还存在一些歧视、抑制民办教育发展的看法和做法，成为民办教育发展的障碍。

王立祥： 所以，迫切希望加大对《民办教育促进法》的宣传力度。我有切身体会。我在县教育局负责民办教育工作，但凡涉及民办学校的学生打架斗殴、教师的劳资纠纷、学校违规收费等案件，很多法院都来找我。我告诉他们，《民办教育促进法》明确规定民办学校与公办学校"一视同仁"。而我所在的部门，只负责管理民办学校的入口、申报、年检、把关等，其他具体问题应该找相应的职能部门。从2003年《民办教育促进法》颁布以来，我只参加过一次关于民办教育促进法的培训。"一视同仁"这个民办教育法的最基本知识点都不能普及，可以想象，社会和主管部门如何去支持民办教育？如何帮助民办教育抓住机会？

蒋显敬： 民办教育的机遇与挑战，不仅仅是在教育规划纲要颁布以后才会有，而是机遇随时都有，挑战无时不在。还记得《民办教育促进法》刚颁布的时候，有好多的人在讲"民办教育迎来了新的春天"，两年以后，又有一些人说《民办教育促进法》给我们带来了严冬。所以，作为民办教育的工作者，应该在政策对我们有利的时候，就抓住机遇加快发展，当发展环境不利的时候，就稳住阵脚，靠勇气迎接挑战。

民办学校应对挑战的策略

王伟东：作为民办学校，我们能做一些什么？第一，积极向各级政府和有关部门汇报办学成果，反映办学中遇到的困难，引起更多领导的关注和理解，争取更多的来自官方的扶持。第二，加强理论和实践研究，能够常出研究成果。第三，增强自身的实力，走内涵发展的道路，把学校办出特色。办出品牌，真正成为人民满意的学校，用业绩证明民办学校存在的价值和意义。第四，加强民办学校之间的联系和交流，结成民办学校联盟和共同体，相互交流，出现问题大家一起研究解决，有了经验大家一起共享，争取民办学校在教育部门和新闻媒体上更多的话语权，保持民办教育旺盛的生命力。

许兰芳：在办学过程中，我始终坚持"执着坚守，做好自己"。比如在招生季节，我们反其道而行之，坚持"不做广告，不做宣传，不拉横幅，不打招生战"。我们能把握什么，能做什么？在无法改变的大环境中，我们以内涵求生存。在学校管理中，我一直致力于寻找和我一样有志同道合的理想的老师，我和学校的教师一直认为"我们是汪洋大海里面的一艘船，不是雇佣关系，而是伙伴关系"。异域结盟，人无我有，人有我优，人优我强，人强我变，这是我们采取的策略。

李益军：民办学校有为才能有位。我认为要做好以下几点：

一、必须有教育追求。民办学校本质是教育机构，是培养人的场所，学校的核心是"教"和"学"，不管什么人也不管用什么方式来兴办民办学校都改变不了它的公益属性。因此要把民办学校发展当作理想去追求，当作事业来干，坚持走质量取胜和内涵发展之路，在文化、精神、机制、管理等方面，寻求发展的自我优势。

二、要规范办学，自律自强，加强内部管理。要有大局意识和责任意识，所做的一切工作，都要严格遵守政府相关部门的规定，按照教育规律办事，主动接受教育主管部门的领导；内部各项工作都要达到量化、标准化、规范化的要求，经得起任何上级部门的督导、检查和评估，在"规范"下"绿灯行"、"红灯停"。

三、要多关注市场。作为市场经济条件下一种新体制和新机制的代表力量，民办学校目前的生存空间还是很大的。但是在现实情况下，不能一味地"等、靠、要"，市场经济就是做需求文章，要主动地研究市场，挖掘市场，关注教育需求，形成办学特色，这样才能发展壮大自己。

四、营造学校发展的良好外部生态环境。就目前的法制环境，要理直气壮地依法维权；要以积极坦诚、友好协商的态度来面对和处理遇到的事情，多沟通、少埋怨，多协调、少对抗，多呼吁、少指责，办一个"环境友好型"学校，这样有利于化解多种不利因素。

张际生：辩证地来看，发展环境的不断变化非常正常，这个世界唯一不变的就是变化。我们身处这个变化和多元的发展格局中，要端正办学思想，把握民办学校发展方向。一方面，要做好"三个转变"：一是从过去关注外部环境向重视内部管理体系建设转变；二是从学校规模的粗放式扩张，向追求卓越办学品质的精致化发展转变；三是从大众化办学向品牌、精品创建转变。另一方面，要处理好"五个关系"：一是处理好发展速度与经济效益的关系；二是处理好短期行为和科学发展的关系；三是处理好教育公益性和教师、股东的福利待遇关系；四是处理好与公办学校、其他民办学校共同发展的关系；五是处理好投入者、管理者、教师、学生家长之间的关系。把握好这"三个转变"和"五个关系"，我们学校的发展可以说就进入了良性运转的轨道。

蒋显敬：2007年我们当地政策规定，在民办学校工作的公立学校教师要在6年内回归公立学校，当时我们就面临着优秀师资流失的困境，面对这种情况，我们就调整思路，一边加紧培养现有师资，一边超编储备以备流动。几年来,学校的师资总体水平没有下滑,而教育教学水平始终保持在了全县的首位。

2007年来,我校开始实施的民族艺术教育特色已得以凸显,这些都促使学校有了超出自己容量几倍的生源,这是发展的机遇,但是,能做到不被"胜利冲昏头脑",不为眼前小利,而为学校长远发展之大计,坚持不走盲目扩张之路,这对决策者也是挑战。

谢殿波: 民办学校如何抓住机遇?我认为有一点需要注意的是,要加强与管理部门特别是教育主管部门的沟通。县级教育主管部门没有专门的民办教育管理股室,各股室工作量大,业务繁忙。在教育主管部门加强服务的同时,也需要民办学校主动沟通,加强联系,共同研究,寻找解决办学中存在问题的最佳途径。

马行提: 机遇对于每一所民办学校及其投资人而言,都是均等的。关键在于,我们如何抓住也许是稍纵即逝的机遇。应对新的形势给民办教育带来的挑战,需要处理好以下几对关系。

一是环境与学校的关系。民办学校面对的发展环境,一方面是法律、政策的环境,另一方面是和政府管理部门、相关合作单位打交道所形成的公共关系环境。很多时候我们听到的是民办学校对发展环境抱怨的声音,我的建议是:当我们无法改变游泳池水深的时候,我们就改变自己的游泳技术。技术好,再深的水也不担心。当我们民办学校对目前的宏观和微观发展环境都尚无力改变的时候,那就先练好内功,做强自己,这比抱怨更有用。

二是宣传和品牌的关系。一到招生季节,很多民办学校宣传的招数无非是拉横幅、发传单、上电视。对于初创的民办学校而言,这也许是有用的。但具备一定规模和历史的民办学校,的确要改变学校的宣传思路和套路,要制定学校的品牌战略和规划,把建设品牌学校作为学校发展的重要目标。对于民办学校而言,宣传不等于品牌,但品牌需要宣传。

品牌，也是学校尤其是民办学校的制胜之道。

三是战略和策略的关系。民办学校在应对各种挑战的过程中，需要学校战略和策略的配合。规模学校，尤其是已经形成较大区域影响力的民办学校，应当更加注重学校战略的谋划，不断根据相继出现的新形势和新机遇，审视学校的战略目标，并通过多种手段，将学校战略目标化为全体教师员工的共同愿景。学校的管理策略，则是围绕实现战略目标所采取的手段和方法，既包括对人员积极性的调动，也包括达成目标的路径选择。战略的制定，考验投资人和管理者的智慧；策略的选择，则考验学校中层干部和教师的执行力。在战略和策略的配合之间，我们期待看到教师成长、管理者成熟和学校发展。

民办学校路在何方

许兰芳：现在国家的大政策让我们看到了曙光，但是在背后，还是有被歧视的辛酸。在安徽宿州，民办学校的小环境并不是很好，我们可以说是在夹缝中求生存，备受歧视。一些社会和政府存在教育观的缺陷，认为"民办学校办好了，是公办学校的悲哀"。所以，我个人在办学校的过程中，能争取的政策就争取，不能奢求的就靠自己。我总认为，老百姓对教育有一把衡量的尺子，只要真心办学，把工作做好了，把学校办到老百姓的心里去，这个学校就不会垮。

另外，区域间民办学校之间的恶性竞争也导致了自身生存的压力。很多学校一开始就抱着恶意竞争的想法，甚至可以说是斯文扫地。一些民办学校长期以来挖墙脚，一到招生季节，他们就全校出动，打"地毯式"的招生战。不是所有办教育的人都爱教育，一些民办学校的办学者，办的是低端教育，以营利为目的，没有教育理想，将教育市场化、商品化、经济化。我个人认为，像这些不以真正理想教育为目的的民办学校，应该取缔，民办教育市场需要净化。

王伟东：我国民办教育在不同的区域，面临的机遇和挑战也各不相同。在经济发达地区，政府有足够的资金办好公办学校，公办学校基本上都处于强势地位，民办学校从一开始就处于弱势地位，先天不足。而在经济欠发达地区，很多公办学校处于投入严重不足的状态，政府鼓励、支持民办教育也是无奈之举，但却给民办教育发展提供了良好的机遇。最近不断有一些好消息传来，一些省级地方政府出台了一系列有利于民办教育发展的文件。同样在另一些地区，国家政策不但得不到落实，还出现了歧视甚至于伤害民办学校利益的现象，比如，招生政策的歧视，教师待遇上的歧视，晋级表彰上的歧视等千奇百怪的现象时有发生，严重地阻碍了民办学校的发展，导致了民办教育的发展严重不平衡。

柏萍：我们学校地处江苏北部，在江苏这个经济发达的省份，苏北是经济最落后的地方。2000年以后，很多教师为了改善生存条件，纷纷背井离乡到东南沿海地区的民办学校工作。当地政府为了留住教师，鼓励社会力量办学，出台了允许公办教师到民办学校工作但保留公办编制的政策。此项政策的出台，促进了民办学校的发展，短短三年时间，苏北涌起了一批民办学校。但由于举办者的办学目的不同，经营手段各异，有的学校蓬勃发展，几年已成为当地名校，而有的学校却在建成后一两年内纷纷倒闭。

而当前，国家经济好转，对公办学校的投入越来越大，例如江苏近几年来对公办学校的"危房改造"工程、"校校通"工程等等，民办学校曾经有的校舍新、设备好等优势一夜逝去。特别是近几年，教师工资的改革、绩效工资的实施，更是给民办学校的教师队伍稳定带来了巨大的冲击。现在江苏省要求学校实施教育现代化，公办学校投入的设施设备由政府买单，而民办学校怎么办？

蔡沛东：作为一位年轻校长，我有教育理想，但是现实很多问题制约着学校的发展。在有些地区,也许民办学校校长争取500万元政策支持很容易,但是在有些地区,也许争取5万元的资金都很难。很多人认为,我们民办学校不是主流部队,而是杂牌军,这些导致民办学校的校长和老师压力增大。所以,我希望政府部门、社会媒体,能够多为我们呼吁,从工资、待遇、编制、福利等各个方面多给我们营造一些机遇。

谢殿波:"机遇与挑战"是教育需要解决的永恒话题。现阶段,民办教育面临着新的挑战。以学前教育为例,近两年来,我国的学前教育得到了各级党委政府的极大重视,特别是公办幼儿园,在资金投入、人员编制、师资培训等诸方面都得到前所未有的改善。徐州市2011~2015年,全市将新招(转)聘学前教育公办教师5000名,仅2011年就将新招(转)聘学前教育公办教师1500名,而民办幼儿园暂时还没有这方面的政策优惠。

突破民办教育的政策障碍

——北京民办教育发展主题沙龙观点摘要

2013年9月27日上午,由《中国教师报·民办教育周刊》与北京市教科院民办教育研究所、北京市教育学会民办中小幼研究会联合主办的北京民办教育发展主题沙龙,在北京21世纪国际学校举行。与会代表围绕民办学校普遍关心的政策问题进行了集中探讨。

嘉宾:

王　伟　北京海嘉双语国际学校理事长

马学雷　北京民办教育协会秘书长

朱　敏　北京市二十一世纪实验幼儿园总园长

李丽晖　北京市教委民办教育处副处长

陈媛媛　北京市私立君谊中学校长

杨　婕　北京市实验二小怡海分校副校长

范胜武　北京市二十一世纪国际学校执行校长

欧阳蒙　北京市礼文中学校长

徐永锐　北京市新英才学校发展中心主任

黄玉莲　北京市昌平区雨竹学校校长

黄健生　北京王府学校副校长

程　　跃　北京金色摇篮幼教集团潜能教育机构总裁
程浩宇　北京幸福泉幼教集团副总裁
彭　　媛　北京市海淀外国语实验学校董事长助理
主持人：
张福岐　北京市教育学会民办中小幼研究会理事长

主持人：为贯彻落实《教育部关于鼓励和引导民间资金进入教育领域促进民办教育健康发展的实施意见》（以下简称"22条"）和《北京市关于鼓励和引导民间投资健康发展的实施意见》，北京市教委近期提出了《关于鼓励和引导民间资金进入教育领域促进民办教育改革和发展的意见》（征询意见稿）。为了真实、具体、全面反映北京民办教育出资人和办学人的意见和建议，以便了解民办教育出资人和办学人的诉求，我们特组织此次主题沙龙，希望大家能够敞开心扉，畅所欲言。

公平是最大的支持

徐永锐：从教育部出台"22条"到北京市教委即将出台相关配套政策，消息令人振奋，说明从教育部到北京市教委很重视民办教育，有校长谈到政府要减少审批的环节，少设立障碍，程序要简洁一些。民办教育要大发展，需要有专门针对民办教育的评估、落实和检查的机构体系做保证。

教师队伍的稳定和学校干部队伍的稳定是学校发展非常重要的因素。北京新英才学校刚收购力迈学校时，教师流动率达50%，但目前新英才学校的教师流动率不到10%，多数还是校方解聘，而且新英才学校的校级领导班子是非常稳定的！除了学校本身待遇留人、事业留人、文化留人、情感留人之外，政府的政策，尤其是教师退休待遇的保障问题对于稳定教师队伍也至关重要。

杨婕：我在怡海工作 11 年了，对现在依然坚守在民办学校的教师深感敬佩。公办学校教师的待遇在一步步改善，从前几年开始，只要公办学校上调工资、上调住房补贴，对民办学校就是一次冲击！民办学校教师面临的问题，比如职称评定、工资待遇等一直都没有得到解决。民办学校教师不应生活在封闭的空间，他和外界有交流和沟通，民办学校教师不仅要坚守在自己的岗位上，还要接受来自公办学校一次又一次的冲击，而且这种冲击波一浪大过一浪！现在，相关的政策出台了，但是政策能否真正落实到学校和教师身上，能否让生活和工作在民办学校的教师受益，才是最为重要的。

陈媛媛：需要明确的是，民办学校同样是属于国人的教育。但民办学校自兴起以来，一直有一种自卑感，一种源于自身是私立学校的自卑感。但需要明了，中国的教育要和国际接轨，公办和民办必须共同发展，我们呼吁国家给予民办教育更大的扶持！呼吁政府给予公民办教育同等的待遇！

黄玉莲：在民办教育领域中的特殊群体——打工子弟学校，已存在了近 20 年之久。打工子弟学校已经造就了一代人，在各级党政领导的热切关注和社会各界的大力支持下，办学条件有了很大的改善，但目前的发展现状仍然与公办教育存在很大的差距。民间资金如果能以有效可行的途径进入民办教育领域，对就读在打工子弟学校的孩子而言，是福音，对战斗在一线的不在编的教师而言，更是一种希望。

在目前没有国家拨款，只能靠学生低廉的学费维持正常运转的打工子弟学校，最需要的就是资金。首先，建议政府出台明确政策，为民办学校捐资、投资的企业能享受到具体什么样的税收优惠政策，明确到可以具体操作的程度，而不是简单的一句"享受优惠税收政策"。其次，能有一个信息平台，来公开企业的公益记录，以这种形式为企业实实在在地提高信誉度，促进企业发展。这样可以鼓励更多的企业投身于社会的公益事业，推动民办教育的发展。

欧阳蒙：从暑期开始，礼文中学受北京市石景山区民政局的邀请，参与了对社会组织的评估工作，这是民政部对民间组织进行的系统化评估，评估细则及要求细到1000多条，达到3A、4A、5A级别的社会组织可以享受到国家给予的相应优惠政策。这件事情本身对民间组织的规范化运作是一个有力的促进。由此联想到，引导民间资金进入教育领域的政策，初衷是不错的，但就对民办教育的综合管理标准上讲具有很大的不规范性，国家对民办教育的管理机构并不健全，如果没有相应的组织机构去保证实施，民间资金不会盲目投资教育！所以，政府部门需要考虑的是，如何将教育的公益性与资金的趋利性结合起来，制定切实可行的政策——这才是关键所在。

例如，在"22条"中，关于"落实民办学校教师待遇"提到"支持地方人民政府采取设立民办学校教师养老保险专项补贴等办法"，如果这一条真正落实了，政府能够明确给予教师退休的资金补贴，这将直接对教师的稳定起到很大作用。

王伟：民办教育具有较强的生命力，只要政府减少对民办教育的束缚，并能给予和公办教育相对平等的政策，民办教育就能健康发展。要明确，不管谁培养的人才都是这个国家的人才。

对于民办教育来讲，第一，民办教育本身要规范，教育本身需要有操守、有精神、有教育境界的人来办。第二，一定要有创新，满足选择性多样化的需求，而不是普适性的需求。第三，希望真正能够落实公民办教师的同等待遇，特别是退休待遇的保障性，尽量减少与公办学校的不一致性！让教师对未来的确定性预期有所提升，这有利于教师团队的稳定，有利于教师更好地去教书育人。再一点就是教育资源政策的倾斜，主要是土地政策，在教育用地上政府应给予支持。

范胜武：今年，北京二十一世纪国际学校就遇到了这样一个问题，北京户籍的教师又被公办学校招走了。如果说民办教师的退休待遇能够和公办教师一样的话，公办学校对民办教师的吸引力就没那么大了。

学校北京户籍的教师比例本来就很小，经过两三年的锻炼，好不容易成熟了，却又流失了，给我们的教学带来了一定的影响。我们实在不敢再招北京户籍的教师了，但这又产生一个矛盾：学校在北京，学生当然愿意享受北京户籍教师的教学方式。因此，现在可谓是很纠结，既想招又不敢招。其实就工资待遇而言，我们可以和公办学校平起平坐，甚至更高一点。但是因为民办学校教师的后顾之忧无法解决，所以他们宁愿在公办学校中少拿一些工资，也不愿意到民办学校去。如果真正能够将民办教师退休待遇等同公办学校这一点落实的话，我想民办教育会迎来更大的发展机遇。

期待政策的实质性突破

程跃：目前公平教育与选择教育的矛盾突出。例如，国家重视解决公平教育，大量举办公办幼儿园，已经影响到了民办园的发展。我建议，国家应同时给选择性教育以发展机会，要有具体措施，如每年拿出一定数量的教育用地作为民办教育机构发展永久性教育设施，这样一来自然会拉动民办教育的投入，同时也稳定了民办教育的发展。目前民办幼儿园很多以租赁用地为主，自有产权的教育设施极少，几年一签的租赁合同，随着合同的到期而产生变数，极大地影响了幼儿园发展的稳定性。希望有关部门能真正从政策上促进民办教育发展，给民办教育带来新的发展机会，对吸引民间资金进入民办教育起到推动作用。

朱敏：关于配套政策，我认为，既然要鼓励民间资本进入教育领域，也就是要借鉴和移植这些民间企业的优秀管理经验到我们教育领域之中，那就要求，在制定相关政策的时候，一方面要遵循教育规律，另一方面要遵循市场规律。刚才在欧阳校长讲到办平民教育时就引发她本人的思考，难道民办教育只有办平民教育才能发出声音来，才能挺得直腰杆吗？难道办高品质高收费的教育就要自卑吗？她认为，民办教育本身是选择性教育，可以是免费的、也可以是平价的，还可以是高收费的贵族式教育。此外，在非义务教育领域关于收费的问题，从法律上规定是备案制，事实上，在执行层面根据三部委的相关规定，形式上是备案，但事实上已经走入了审批的轨道。反过来说，如果在政策制定时不按市场规律和教育规律办事，民间资金就不会进入教育领域，即使已经进入的也会在运行中出现问题。

程浩宇：关于政府提倡建设普惠性幼儿园政策的意见，我认为，普惠性民办园应使用国有资产产权的小区配套幼儿园。其质量标准和招生对象应以普通的公办园作为参考。在合理计算生均成本的基础上，以不高出成本的某个百分数（考虑到园所建设发展的需要）拟定收费标准，可采取一园一价。若政府限价，高出收费标准部分，应由政府予以补贴。

委托举办"普惠性"民办幼儿园，是政府解决入园难的措施之一。因此，政府对公办园的有关政策对民办园也应给到位。如前期投入费用部分，政府可像对公办园一样对园舍的前期建设、装修、设备设施投入及开办费等给予资金支持。在运营管理费用上，可采取免房租等与公办园相同的政策；对本社区的生源按政府的限价收费并给以一定补贴；对社区外的儿童可采取收费备案制等。

北京市已出台了一些政策，主要鼓励普惠性民办幼儿园的举办。在建设"世界城市"的整体教育规划中，还可在特定的社区鼓励举办富有特色的高品质的民办幼儿园，以满足社会对学前教育的多元化需求。

朱敏：对于投资教育的人来讲，教师队伍的稳定性是大家最看重的。我建议，在劳动合同法上能不能突破一点点，让雇佣者和被雇用者承担同样的责任和义务。根据现在的劳动合同法，只要教师提前一个月向校方提出离职，教师就没有任何的损失，但对校方来说，这个损失却是巨大的——无论是学校的信誉还是再招聘的成本。正是由于教师没有违约成本，或者说违约成本低，无形中加剧了教师的流动性。

就人才的流动与引进问题，政策是鼓励在民办和公办之间合理流动，但事实却是民办学校教师单向流入公办学校。这就是说，在实施鼓励民间资金进入教育领域的相关问题上，单一依靠教育部门的力量是不够的，一定需要多部门的协作，比如，发改委、编制办、人力部门、社会保障、卫生等部门共同协作配合，政策才能落到实处，发挥作用。

民办教育应该受到尊重

李丽晖：民办教育的举办者都是自觉自愿投身教育的，为国家培养了各种各样的人才，满足了市场对教育的多样化、选择性需求，更重要的一点是，民办教育也是在为国家尽义务，因此，民办教育和民办教育工作者应该受到社会尊重。

不少代表提到了很多由于政策原因而长期解决不了并严重制约民办教育发展的问题，大家表达出了内心的无奈与尴尬。作为民办教育的管理者我也深有同感。比如《民办教育促进法》出台近10年了，可是一些政策至今没有得到落实，究其原因，可能一方面是法律层面的问题，另一方面是实际工作中的问题。当前，教育部从法律层面正在对一系列的教育法律法规进行梳理，要从根本上理顺法律之间相互矛盾、彼此不协调的问题。从实施层面上，我们也试图彻底清理并纠正对民办教育的歧视性政策，但是后来发现，根本未发现有所谓的歧视性政策，究其原因，还是受长期以来对民办教育的态度、行为习惯、思维模式影响形成的一些现实的歧视性行为。在很多人的思维意识中，只承认公办教育是教育，并未将民办教育纳入到教育的序列。对此，我们民办学校要用实际行动让社会上知道我们的声音、我们的存在、我们的价值！我们民办学校要不断改革创新，办出亮点、办出特点。

再寻特色与品牌之路

——《中国教师报·民办教育周刊》第六期主题沙龙侧记

七月,香山,一场教育盛会让众多教育人乐寻同道,一次思想沙龙让所有亲历者终生铭记。

2011年7月3日上午9点,2011中国教育"香山论坛"正式开坛,来自全国200余位领导、教育专家、校长、读者见证了这一历史性的时刻。当晚7点半,由《中国教师报·民办教育周刊》举办的第六期沙龙在香山会馆召开。来自不同省市的19位民办学校的董事长、校长和教师参加了此次沙龙。会场并不大,参会人数并不多,但持续3个小时的思想交流,观点碰撞,还有大家专注的神情和热烈的掌声,让我们深深感到,正是因为有这样一些孜孜不倦、热爱教育、奉献教育的群体,民办教育才能够在一轮又一轮的大浪淘沙中,焕发出她自身独特的光芒。

前文中,我们先后探讨了"民办教育批判与重生"、"民办教育价值与使命"、"民办教育机遇与挑战",在此基础上,本期沙龙探讨的"民办教育特色建设和品牌经营"显得至关重要。如今的民办教育,已经过了"杂牌对杂牌"、"杂牌对品牌"的竞争,逐渐走向"品牌对品牌"的挑战,而特色,正是民办学校品牌建设的重要诉求点。如果说,品牌是一种战略,那么,特色则是一种文化。如何形成特色,打造品牌?品牌经营与特色建设是什么关系?在形成特色、打造品牌的过程中,民办学校如何走出同质化发展困境？如何从经验改造走向经验创造？……这些问题，值得每一位民办人思考和探寻。

走出特色误区　树立品牌意识

　　无论是公办学校还是民办学校，都要靠质量求生存，靠特色谋发展。而作为民办学校，除了要有区别于公办学校之特色，还要有优胜于其他民办学校的法宝。而时下，几乎每一所学校都自诩"很有特色"，"特色"已经不再是特色。江苏省灌南新知双语学校徐翔校长从全新的视角对"特色"和"品牌"进行了批判，他认为："基础教育应该没有特色，全面发展才是基础。我们评价一个建筑，无论他外形多么雄伟、多么美观，地平线以下的部分才是最基础的。这就好比教育中的基础教育，这一部分并不需要太多形式方面的要求，而'特色'正是形式上，外观上，感性认识上的。正是由于人们对'特色'的追求太迫切，反而让基础教育的特色贴上了很多不恰当的标签，唱几首歌，踢几脚球，写几个字就美其名曰'特色'。我觉得，这本应该是基础教育课程之内的东西。真正的特色应该体现在高等教育，而不应该体现在基础教育。基础教育应该搞清楚一个人的基础是什么，孩子在中小学应该学到些什么东西。""品牌也是被严重滥用的，一般来说，有内在的'格'才有外显的'牌'。但由于今天中国教育的特殊性，办学人的出发点不尽为教育本身，许多中国家长对教育有很多功利、甚至畸形的要求，使得现在不管口号喊得多么响亮，分数依然是全社会关注的热点。我们都知道，分数就是分数，并不等于成绩，更不等于教育质量，也代表不了品牌。但很多情况下，人们说一个学校品牌好，就是指这个学校考试的分数高。"

　　特色到底是什么？仅仅是特长班、足球队、书法兴趣小组？仅仅是几个学生会拉二胡，会跳民族舞？鉴于此，我们亟须要对"特色"和

"品牌"进行重新、准确地定位。

特色离不开质量。教育质量是学校特色之源,没有质量,学校就没有发言权,就不可能有尊严。江苏省赣桥华杰双语学校校长柏萍说:"一切的特色都要建立在优质的教育质量基础上,不要说民办学校,公办学校也是这样。对学生来说,文化素质是众多素质中最基础、最重要的,所以说,民办学校、特别是民办基础教育学校,没有教学质量,家长不会认可,社会不予认同,领导不给肯定,首先就不能说是优质学校,其次更谈不上特色了。要想将特色项目真正形成特色,必须要构建相应的知识体系,形成课程,形成一些系列的、能够持续发展的文化力。而要将特色打造成品牌,就更不容易了,要有长期的、有品质和品位的特色,才会形成品牌。"

辽宁省沈阳市民族艺术学校校长吴文鹏进一步诠释道:"质量＋特色＝品牌,质量就是你有我优,特色就是你无我有,特色是质量里面的内容。每一个品牌都有市场的因素,是由市场的选择形成的,但其决定因素都是质量,没有任何一个品牌是靠特色维持的,都是靠质量才保证生存的。"

特色是一种文化。纵观很多民办学校的"特色",三五年一换,常出常新,今天跟着这个学书法,明天跟着那个学舞蹈,很多甚至是昙花一现。上海金苹果学校校长周玉薇认为:"这些学校将'特色'狭隘地理解成了特色项目,广义而言,特色应该是一种文化,确切地说,是一种文化的积淀,是学校所有从业人员长期以来形成的共同价值观的认同,在一段时期内,它不会因为校长的改变而改变。"

"特色是一所学校独有的或是非常突出的办学理念、教育教学以及管理模式的外在体现。而品牌,是学校的办学特色经过长期的积淀,最后得到学生、家长、社会的高度认可,是一种美誉度。特色是学校自己打造的,品牌是外在所赋予的。两者的关系应该是:特色是品牌的基础,品牌是特色的发展和延伸。"河南省襄城实验小学付永桥校长强调说。

特色的根本在于课堂。如果把特色理解为一种文化，把品牌理解为一种价值观，正好符合当今民办学校第二次大浪淘沙的现实。安徽省铜陵铜都双语学校校长盛国友告诉我们，几年来，他一直在课堂上下功夫，在他看来，民办学校最大的特色，就是课堂有特色。"提到民办学校的特色建设和品牌构建，我首先想到的是'课堂'两个字。我觉得，民办学校的生存之道就是课堂，特色建设的最大落脚点就在课堂，如果课堂没有特色，所有的特色都是虚假的，品牌也就变得虚无缥缈。课堂有特色，生存就有了资源，品牌经营就能落地了。"

中国籍毕业生张磊向耶鲁大学捐赠巨款的事件已经过去了许久，但带给中国教育的启示仍然不容小觑。北京王府外国语学校校长徐剑一引用这个事件，告诉大家，对于"特色"，不能太泛化，也不能太具体。"不能把特色仅仅局限于书法、美术等具体的项目，学校特色应该有其支柱性的东西，比如说学校理念、教学模式、课程体系、教师培训、核心课程、家校关系等，更重要的，应该是学生的德育方面。对于我们现在的民办学校，首先要做的是如何在支柱性的方面构建学校的核心特色？"

说到核心特色，江苏省丰县创新外国语学校校长蒋显敬拿出随身携带的陶笛，现场为我们演奏了班得瑞的《童年》。他告诉我们，丰县创新外国语学校从小学一年级到初中三年级，每一个孩子都会演奏这种中国的传统乐器，40%以上的孩子掌握了古筝、二胡等4种以上乐器。在2011年的4月6号，全校5016名学生一起演奏陶笛，创造了吉尼斯世界纪录。他骄傲地说："我希望通过陶笛的熏陶，教会孩子自信，培养学生民族情感。我不知道这是不是特色，算不算品牌，我们只是让每一个孩子享受童年应该享受的快乐。其实，这是我们应该做到的，但是别人都没有做到，而我们做到了，我觉得这就是特色，长此以往，我们坚持下去了，大家不认为，这就是品牌吗？"所有与会者都用热情的掌声给予了肯定的答复。

天津市枫叶国际学校校长侯著久感慨："回想我从公立学校到民办学校，回想自己10多年的民办学校生涯，回想枫叶国际学校从14名学生发展到现在的1万多名学生，有很多辛酸的泪水，也有很多成功的喜悦。"他用亲身经历告诉我们，民办学校走的是市场的路线，所以，一定要遵循教育规律。一定要是有价值的学校，家长才会放弃免费的公办学校来选择你。除了优质的课程和丰富的活动外，枫叶国际学校也注重培养学生的人文素养。"学校里树立了两个人物雕塑，马相伯和周恩来，都是爱国人士。我们希望能送学生去国外学习先进的知识，然后他们选择回来报效祖国。"侯著久这样说道。

"特色"的核心更多地应该体现在办学理念上，体现在校长身上。"特色学校"应具备5个特性：特色是办学理念在全方位的物化；特色是以育学生为本；特色的载体是学生，校园文化、管理制度、师资、课堂都是手段和路径，根本目的是学生全面发展；特色是全体学生素质的整体优化；特色是学校文化自然、长久的积淀成果。规范办学，特色提炼，文化建设，品牌塑造，最后才能形成一个学校的整体发展。

运用灵活创新机制　寻求全新变革共识

在国家逐渐加大对公办学校硬件、师资等各方面投入的今天，民办学校校舍好、硬件好、师资好的优势已经不复存在。民办学校还剩下什么优势？对于民办学校校长而言，必须要无时无刻地思考：生路在哪里？我们靠什么生存？靠成绩？靠收费？还是靠特长？

江苏省昆山市前景教育集团董事长张雷说：10年的思考告诉他，民办学校的生路一定是创新。在什么地方创新？"10年来，我一直在创新我们的教学模式，靠这个赢得家长的口碑。其次是创新学校内部的组织模式，如高效用人、高效管理。再次是创新营利模式，中国的民办学校各有不同，因为地方的发展状况不同。我觉得，无论是高收费的，还是低收费的学校，都应该在营利方式上有所创新。但归根到底，营利不是为了揣进自己腰包，而是为了更好地生存，更好地稳定教师队伍，为学校教师赢得编制以外的尊严。我以为，创新也许就是民办学校的一条生路，也只有创新，才能在当今民办教育惨淡的现实中杀出一条血路。"

河南南召现代中学校长邱显东补充道："实事求是地说，公办学校几乎没有创新，这就给民办学校很大的生存空间，但创新应该是在规范办学的框架内进行，民办学校要靠长期的规范来提升自己的公信度，而不是靠短期的创新来提高关注率。"

可以说，民办学校自出生起，就伴随着市场经济的风险逐渐壮大，在这期间，很多民办学校由于急功近利，不规范办学，被人们渐渐遗忘在历史的车轮里。对于民办学校的"风险"，丰县创新外国语学校董事长张际生有自己的思考，他认为，民办学校存在三大风险——政策风险，资金风险，管理风险。对于不同发展阶段的民办学校而言，应该按照不同的目标去经营，一步一个脚印，才能做得更好。张际生将学校的办学理念定位为"赢"，他这样解读："赢"由"亡"、"口"、"月"、"贝"、"凡"五个字构成。"亡"就代表风险，"口"代表宣传，"月"代表坚持，"贝"代表资产，"凡"代表心态。只有将这几方面和谐统一起来，民办学校才能"赢"！对于"品牌"，张际生也有自己的八个指标：现代化的办学条件、恰当的办学规模、精致的校本课程、精心的校园文化、精良的教师队伍、鲜明的办学特色、科学的学校管理、精优的教育质量。"达到这八个标准，我觉得，一个学校的牌子就立起来了。"

面对政策风险和资金风险，江西省宁达学校校长张项理有他自己的一套办法。据张校长称，宁达学校每年可以按80％的比例，通过考试择优挑选全县公办学校的老师，且财政工资照法。"现在民办学校的生存环境不是很好,但通过自身的努力,这些都是可以改善的。民办学校在特色方面应该侧重于'服务'两个字,首先是通过规范办学,让学生认可学校,然后让家长认可,这就是口碑。三个口都说好,这就是最基本的品牌建设,然后才是媒体的宣传。在品牌建设过程中,首先老百姓认可了,然后媒体宣传到位了,这个时候,学校就很容易获得政策的支持,改变自身生存的环境。"

湖南长沙金海教育集团办公室主任黄文胜概括道:对品牌的理解,应该包涵六个方面:一是定位。对民办学校而言,学校的定位是生命;二是形象,也就是口碑,这是载体;三是团队,是学校发展的根本;四是文化,是学校品牌的灵魂;五是特色,是品牌的关键;六是成果,是支撑,没有成果,说一千道一万,都没有用。而对于不同阶段的民办学校,应该要根据自己的实际,充分利用灵活的机制和体制。一是抢先发展,抢占先机;二是创新发展,勇于改革;三是主动发展,错位竞争;四是内涵发展,夯实基础。五是优质发展,优先发展。如此,才能在教育品质上超越自我,在特色品位上超越公办,在品牌建设上超越同行。

沙龙的最后,河北省固安县英才中学校长何志杰的发言让人感动,也给了在座的所有民办教育人以信心和勇气。他说:"我始终坚信,民办教育有其不可替代的优势,教育这块顽石,最终还要靠民办教育这个杠杆来撬动,而作为杠杆,一所学校的力量是微不足道的,它需要多种力量凝聚在一起,共同使力。"作为中国教师报民办教育周刊,正希望能发挥这样一个组织者的作用,希望能凝聚更多的民办教育的有志者,一起为中国教育的发展给力。

附录

中国民办教育共同体简介

中国民办教育共同体成立于 2012 年 4 月,是由中国教师报发起的一个以民办学校为主体的公益性、行业性行动研究组织。旨在集结有梦想、有远见的民办学校掌门人,基于发展共识,彼此信任,相互借力,抱团发展,推动民办教育行业品牌的生长,培植民办教育高品质的课改生态圈。

中国民办教育共同体是一个贴地行走的研究组织,一个抱团发展的协作组织。我们追求抱团发展,信仰行动哲学。我们的工作不是基于理论研究,更不是为了研究理论,而是通过行动来研究行动。一是把核心成员单位的行动拿出来研究。二是把研究成果转化成我们的行动。我们不搞"坐"而论道,重在"做"中谋道。

中国民办教育共同体努力成为民办学校改革的精神加油站,努力为民办学校的改革发展提供智力支持和精神援助,为全国民办教育创业者和管理者搭建共创、共享、共生、共荣的合作平台。

欢迎加盟中国民办教育共同体——民办教育人的精神家园!

我们的立场——

做民办教育坚定的支持者、建设者和推动者

我们的主张——

改革年代　民校当立

我们的口号——

　　借力、借智、借道　共生、共荣、共赢

　　相约课改　相约创新　相约未来

我们的使命——

　　让民办学校有尊严地发展，让民校教师更体面地工作。

我们的愿景——

　　推进区域民办学校集体繁荣，打造区域民办教育发展高地，做值得尊敬的行业协作组织。

我们的服务——

　　帮助民办学校制定战略发展规划；高效课堂系统培训与评估；提供教育咨询、教学诊断等服务；校园文化诊断策划及品牌学校影响力推广；为办学者搭建交流、联谊、合作的平台。

中国民办教育共同体赋

——为中国民办教育共同体成立而作

□ 郑冠坤

天地间有一大观,山相拥而高,高共趋为脉,脉连界天,自成气候,此共同体之天象乎?

上苍示形,人间启蒙。《中国教师报》悟山川地理,感草木生气,于莽原聚群贤,纳天籁发金声。兹壬辰龙岁,春归杏时,会盟商丘,誓师联体,此举壮哉,破天荒矣!

自孔圣肇始,民学辅国,传沿继承,大义千秋。当其困陋,荒野子身,树影土坛,筚路蓝缕,风餐雨伴。当其昌明,家塾党庠,鼓箧皮弁,动众化民,悦近怀远。当其盛达,城郭讲堂,山林书院,鸿儒大师,论道问天。三千年春秋史记,教育家民间独妍。然星空繁乱,斗牛失耀,终不知其明灭去向。草木根浅,随风炎凉,春茂不知何起,秋衰不知何伤。散沙飘叶,阵雨热肠,立而无魂,放而无疆,时顺则兴,势逆则亡。呜呼,时序已远汉,魏晋在杳乡,若囿桃园拙耕,瓦釜自珍,必落三代宿命之魔咒,兴勃亡忽,难逃定数,其不悲乎?

喜时代穿越,新政开天。《中国教师报》雷鸣震宇,秉笔传檄,清风散雾,横空立旗,宣言曰:学在民间,责任致远,创新至上,借智借力,抱团发展,共生共荣。

幸甚至哉!如飞鸟之梦嘉树,禾苗之望甘霖,百川之奔大海,芳草之盼阳春，殷殷众心，期之久矣。今宏旨昭昭，何敢昏昏！虽言民间民微，然民需至要，民生至重。民学创业，根植民心，从于民愿，顺乎民情，责过泰山，非致远无以担当。民学生于公学之缺，起于公学之弱，胜于公学之困，无慧眼难辟蹊径，非开拓无以前行。顾盼今日之公学，国策前导，国力相倾，整合除弊，民望日隆。吾等民学焉能画地为牢，孤独求胜。《中国教师报》观天下风云，察教育国情，筑杏坛高端分享，共同体良方对症。借智借力，展我腾飞双翼；抱团发展，助我竞争双赢；共生共荣，育我生态森林；为国为民，为我中华文明。

信哉！大惑天解，大德智显。山连而成脉，脉远则生川，川深汇流，流众成河，河溢沃原。虽四季轮回，天道无常，仍山不塞川，川不阻流，流激浪湍，气象万千。自然即天道，天道为大德，循大德谋教育，大智也。共同体类山天然，造福民学，大德大智。《中国教师报》功德无量也。

吾数载受益，一赋畅怀，若石激浪，贻笑清流，然舒心快意，足矣。

（作者单位系河南新密新世纪学校）

后 记

又一年春节过去了。

当新年的鞭炮声渐渐消逝于耳畔,张灯结彩的庭院悄然间恢复了往日的宁静,荧屏上纷纷上演的返城万象,预示着新的征程已然开启。

这个时节,辞旧迎新向来是永恒的话题。

辞旧,便免不了总结过去;总结过去,我们也习惯于表示"有成绩也有遗憾"。

成绩自无须多言,遗憾却总是难免。

想起一年前的现在,我们的这种"遗憾感"尤为沉重。彼时,因为种种原因,我们决定停办创刊了两年的《民办教育周刊》,转赴另一个战场。

即便是在一年后的今天,回望当时的场景,也颇有些"讲不出再见"的伤感。

毕竟,这份周刊,是我结缘于斯、耕耘于斯、成长于斯的一方热土。自然,在无数个日夜与之"耳鬓厮磨"之后,忽然的阔别,总令人有些怅然。

与人生中许多真挚的情感一样,我对民办教育的这份难以割舍的情怀,是在相识、相处、相知的过程中慢慢沉淀的。

依然记得刚刚接手那份工作——担任《民办教育周刊》的编辑时,我有些茫然,甚至困惑。从我有限的人生阅历和经验判断,但凡带有"民办"字眼的事物,在中国多少带有"被边缘化"的意味,那么,我们开辟这样一个专刊的意义究竟何在?某天,一向不爱板着脸的主编褚清源颇为严肃地跟我说,民办教育是中国教育发展的方向,这里有真正的教育人,有真正的教育基因,你要好好研究。

我"诺诺"地应着,虽则不大明了,但还是抱着"既来之则安之"的心态,开始了探索民办教育的行程。

接下来的工作,就是从不停地与各所民办学校打交道,不停地与民办教育办学人接触,不停地向他们约稿,不停地阅读与修改他们写来的文章。

那时起,从他们娓娓道来的创业故事之中,从他们慷慨激昂的激辩之中,从他们流淌于笔尖的涓涓细流中,我才逐渐了解原本面目模糊的民办教育。

这段旅程并不轻松。

我的"不轻松",并不仅在于工作的繁杂,更在于内心里的纠缠与无奈,在一步一步的深入了解之中,你会慢慢体会——在一个体制失衡的年代里,民办教育人犹如牢笼里的困兽,他们的激情,他们的豪气,他们的困顿,他们的委屈,他们的压抑……都无一例外地呈现在你的面前,无可逃避。

在接触日多,了解益深之后,我也终于明白了当初主编对我的那番谆谆教诲。

我们所看到的民办教育这片土地,是一个梦与痛交织的地方,是一个欢笑与泪水同在的地方,是一个令人失望却又让人向往的地方……

身为一名编辑,知人处世,亦难免与他们同悲同喜。

距离《民办教育周刊》停刊已经一年了,回望并不遥远的过去,那些情愫依然无时不刻在打动我心。

北京市昌平区雨竹学校，坐落在一片芜杂的城中村中。在北京，一所打工子弟学校的生存之艰难可想而知，但它坚持"活"下来了。

当我将校长黄玉莲那些辛酸的往事和难言的情怀呈现在报纸上，她在给我的邮件中回复道：

"看了稿件，感动了我自己！你听懂了我的心声，你理解了我自己都说不清的情怀！谢谢你让我再一次认清自己！"

我想，在茫茫人海中理解一个需要被理解的人，于愿足矣。

安徽省阜阳市京九实验学校，校长任杰由于身患小儿麻痹症，一条腿瘫痪，他拄着拐杖，举家借债办学，却累计为政府节约资金5000多万元，资助贫困学生140万元，约3000人次……

我想，在许多人奢谈理想的今天，找到这样真心办教育的人，于愿足矣。

湖北省赤壁市正扬小学，校长吴震球年届七十，依然活跃在教育第一线，不论风霜雪雨，每天站在校门口迎接每一位孩子，每天主动找孩子谈心，真正将一生奉献给了自己的学生。

我想，在一片精神沙漠里，发现这样的人物榜样，于愿足矣。

……

作为媒体人，我们深切地感知到民办教育人的喜与悲，我们也欣慰于他们的执着与勇敢，但我们能做的，往往只能是鼓与呼，张扬他们的梦想，陈述他们的痛楚，感慨他们的付出，让前行者更专注自己的方向，让悲观者更坚定自己的理想。

仅此而已。

但我们同时相信，每一点一滴的正能量都会鼓舞着后继者继续前行。

——这便是我们编撰这本书的初衷。

有人说，读一本好书，就仿佛与一位好朋友在深入交谈。其实，在反复编校书稿的过程中,我们更像是与一群知心朋友促膝长谈,在并不敞亮的时空里,我们彼此共鸣,相互取暖。而细数书中的多位作者,有的人,我们曾与之把盏夜谈,针砭时弊,有的却缘悭一面,只有过短暂的电话或者邮件交流。但不论如何,他们都是民办教育这片土地上的默默耕耘者,他们有着相似的激情,有着共同的梦想,朝着同一片圣地出发。回首往昔,四顾苍茫,静夜里抚卷深思,重温这些散发着理想光芒的文字,仿佛重晤旧友,感慨万千——那些曾经相信民办教育能够拯救中国教育危机的人们,如今是否一如既往?那些曾经遭遇过坎坷的民办教育人,如今是否还坚持着当初的梦想?如果是,我们不妨追寻着理想的轨迹,一起出发,共同去创造属于自己的明天。

黄 浩

2014 年 2 月